STEM课程如何设计

从StEMT理念到课例

[美] 米尔顿·霍林
[美] 杰姬·斯皮克·德怀尔 著
刘恩山 等译

DESIGNING MEANINGFUL STEM LESSONS

U0532667

外语教学与研究出版社
FOREIGN LANGUAGE TEACHING AND RESEARCH PRESS
北京 BEIJING

nsta
National Science Teaching Association

京权图字：01-2020-2241

图书在版编目（CIP）数据

STEM 课程如何设计 ：从 StEMT 理念到课例 ／（美）米尔顿 · 霍林（Milton Huling），（美）杰姬 · 斯皮克 · 德怀尔（Jackie Speake Dwyer）著 ；刘恩山等译 . -- 北京 ：外语教学与研究出版社，2020.9（2023.4 重印）

书名原文：Designing Meaningful STEM Lessons

ISBN 978-7-5213-2057-2

Ⅰ. ①S… Ⅱ. ①米… ②杰… ③刘… Ⅲ. ①科学知识－课程设计－教学研究－中小学 Ⅳ. ①G633.72

中国版本图书馆 CIP 数据核字 (2020) 第 173085 号

出版人 王 芳
项目策划 丛 岚
责任编辑 丛 岚
责任校对 郭思彤
装帧设计 郭 莹
出版发行 外语教学与研究出版社
社 址 北京市西三环北路 19 号（100089）
网 址 https://www.fltrp.com
印 刷 三河市北燕印装有限公司
开 本 889×1194 1/16
印 张 13
版 次 2020 年 9 月第 1 版 2023 年 4 月第 4 次印刷
书 号 ISBN 978-7-5213-2057-2
定 价 78.00 元

如有图书采购需求，图书内容或印刷装订等问题，侵权、盗版书籍等线索，请拨打以下电话或关注官方服务号：
客服电话：400 898 7008
官方服务号：微信搜索并关注公众号“外研社官方服务号”
外研社购书网址：https://fltrp.tmall.com

物料号：320570001

记载人类文明
沟通世界文化
www.fltrp.com

参与翻译工作人员名单

刘恩山　靳冬雪　石月莹
王笑梅　黄　瑄　郭舒晨

译者序

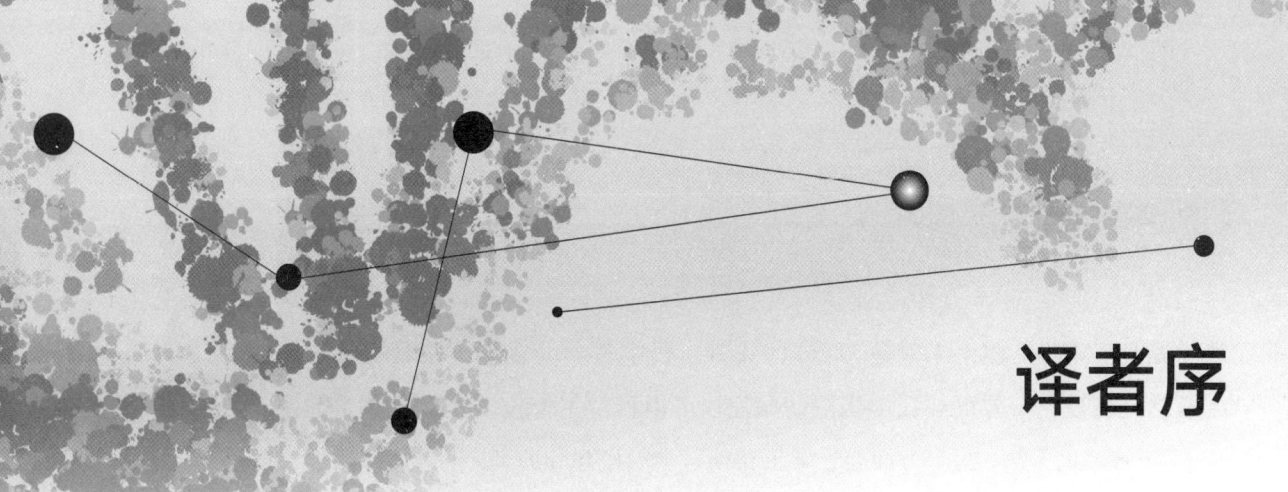

STEM 是科学（Science）、技术（Technology）、工程（Engineering）和数学（Mathematics）的缩写，也是我们日常生活的组成部分。科学在我们的生活中无处不在，技术正迅速扩展到日常生活的方方面面，工程涉及高铁和桥梁等产品的基本设计和制造，数学也每每出现在各项工作和活动中。对于今天的人来说，如果手机一天不能工作，这天的工作和生活将难以想象！人们对以手机为代表的科技产品的使用具有伴随性，这反映了人们对无处不在的人工产品和人工世界的高度依赖。而这个人工世界正是由科学、技术、工程和数学所支撑的，它是制造业、食品生产、医疗保健等诸多行业的基础，是人民福祉的重要保障。

美国商务部经济和统计管理局的报告指出，从 2008 年到 2018 年，STEM 类工作预计增长 17.0%，而非 STEM 类工作仅增长 9.8%。但自 2008 年至 2015 年，STEM 类工作实际增长了 14.0%，而非 STEM 类工作仅增长了 1.7%。在不少国家，从事 STEM 类工作的人薪水比从事非 STEM 类工作的人多将近一倍。STEM 不仅关乎个人，更对一个地区和国家经济的持续增长和稳定起着关键作用，是一个国家赢得未来、在全球范围内参与竞争有望胜出的关键。也许正是由于这些原因，从一些国家政要、知名企业、学术团体到普通的家庭、学校、教师都对 STEM 教育给予了高度的重视，很多国家都加大力度推进 STEM 教育改革。STEM 成为教育领域热度极高的关键词，也成为科学教育发展的强劲趋势。

在 21 世纪，科学技术比以往任何时候都更加重要。随着全球化的发展，人们对知识经济愈加注重。创新带来了支撑经济发展的新产品和新流程，而创新依赖于 STEM 领域坚实的知识基础和为数众多的科技人员。这就意味着在未来的大多数工作中，都需要有对 STEM 有所了解的青年。这就是 STEM 教育对中小学生如此重要的原因之一。

我们可以把 STEM 看作是科学教育的重要教学策略。STEM 虽然由四个要素组成，但理科教师在课堂教学中应该重点把握两个要素——科学和工程。其中科学是 STEM 的主体，工程是 STEM 的关键。科学教学的重点是主动探究和科学概念的构建。一方面要让学生主动探究以习得科学工作技能和解决科学问题（questions）的方法，另一方面要让学生获得科学的概念和原理；两者同样重要，缺一不可，即便在 STEM 的教学中，这两个重点也是相辅相成、不可动摇的。工程教学的重点是让学生在掌握了学科概念与原理的基础上进行实际应用和创新实践。面对联系现实生活的工程难题（problems），学生选择、使用科学概念原理来解决难题，在经历挫折、挣扎或坎坷走向成功的过程中体验成功的艰难和乐趣，同时加深对科学概念原理的理解和掌握。这样的学习可以超越纸笔练习取得难以置信的学习效果！在解决难题的过程中，工程的思路和范式可以让学生的创意、设计、动手、制作等能力得到充分的练习和提升。把握了科学和工程这两个要素，STEM 教学就可以帮助孩子们更好地掌握科学概念，更有创造力，更加迅速地投身到现实生活中，成为更好的问题解决者。在整个 STEM 教学过程中，孩子们不是简单地学会记忆和背诵，获得一个满意的分数。STEM 教学让学生在 STEM 学习和探索中有机会解决真实问题，也能够激发学生对 STEM 领域未来学习方向和职业前景的热情。

STEM 是一种有趣的教育。STEM 的课堂活动为学生提供动手实践和深入理解科学概念的机会，以真实的情境融入教学中，使科学、技术、工程和数学既有趣又有味。STEM 学习要求学生用自己的双手做事，以发展他们特定的知识或特定的技能，这实际上是“体验式学习”。对一些学生来说，STEM 课程是有挑战性的。这将激发学生的思维，培养他们的好奇心，提高他们对知识的渴望。这既是科学学习，也是经历和体验创造。这样，STEM 教育就能以其特有的途径提高学生的科学素养，培养下一代的创新者。

近年来，STEM 的浪潮席卷了我国从南到北的多所学校，很多学校和教师都行动起来，参与了不同程度的 STEM 教学实践，这是一个了不起的教学改革！对于我国的许多科学教师来说，STEM 教育的方向足够清晰，教师们都认同这一理念，但是在课堂操作层面却存在着千差万别的做法。教师也有许多困惑：到底什么是 STEM 教学？究竟怎样做才能把握 STEM 教学的精髓？如何设计 STEM 的课堂教学？如何将 STEM 融入现有的科学教学？……教师所需要的，不仅是在理论上对 STEM 的解释，更是在实践层面的课例和说明。

《STEM 课程如何设计：从 StEMT 理念到课例》这本书刚好可以满足一线教师在开展 STEM 教学时的需求。本书的作者是教学实践经验丰富的教育工作者。书中清晰地界定了 STEM 的内涵，回应了将多学科整合的挑战；作者团队创建了 StEMT 教学设计的方法，并结合科学教育中广泛使用的 5E 教学模式，设计了 14 个课例，这些课例覆盖 3—8 年级，涉及地球与空间科学、生命科学和物质科学领域，且均经过教学实践的检验，为一线教师设计 STEM 课程提供了扎实的样板，为教师了解和把握 STEM 教学提供了起步阶段的有效指引。

本书由北京师范大学科学教育团队集体翻译完成，刘恩山对全书做了校对。翻译的过程对于我们团队来说也是学习和提升的机会。这一工作虽然辛苦，但对我们所有参加翻译的人员来说，受益良多。STEM 是一个广泛的话题，由于我们的学术领域和能力所限，翻译的作品很可能有这样或那样的瑕疵，望读者指正。

刘恩山
北京师范大学教授

目录

序言

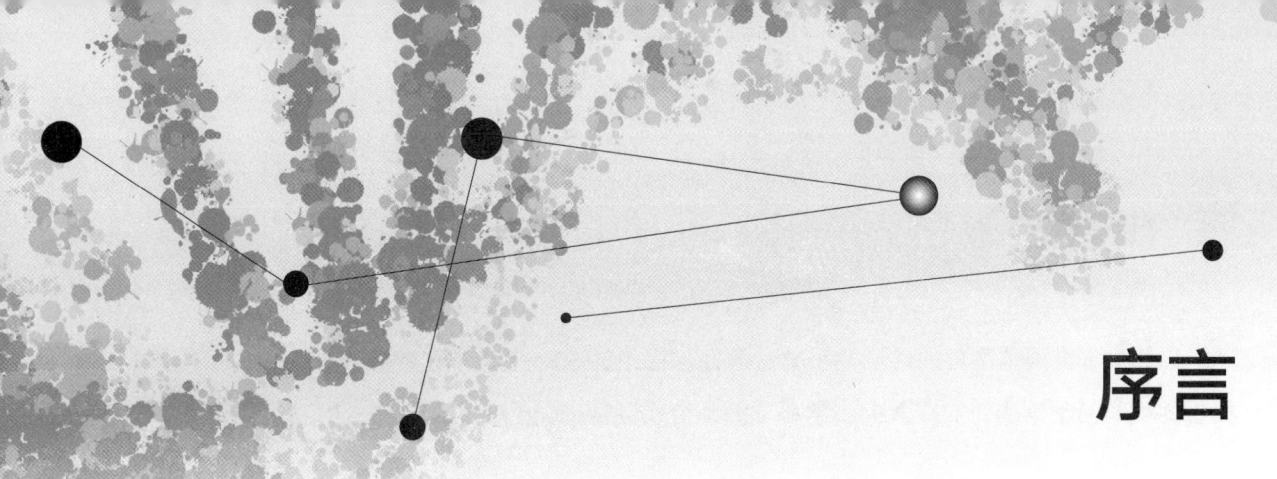

STEM 似乎在空气中弥漫。在报纸文章中，STEM 处于显著的位置。新闻节目主持人把这个首字母缩略词用在描述学校课程的故事中。政策制定者在讨论学校事务时，会抓住每一个机会来突出这一点。与此同时，当这个首字母缩略词出现时，科学家、工程师、数学家和计算机科学家都百思不得其解，因为这个概念似乎在一夜之间就出现了，就像突然长出的一圈蘑菇。

STEM 是什么？它对教育而言意味着什么？尽管在 21 世纪之初，这一概念似乎已经无处不在，但对于这一概念的含义以及它可能给中小学教育带来的变化，却鲜有严肃的论述。事实上，似乎只要科学、技术、工程或数学出现在一堂课中，它就被称为 STEM。那么，STEM 给教育究竟带来了什么？它是一种短暂的政治时尚吗？它是作为修辞工具用来吸引人们关注学校特定项目或课程的一种想法吗？人们对 STEM 这个概念还有其他的理解吗？

本书的作者米尔顿·霍林（Milton Huling）和杰姬·斯皮克·德怀尔（Jackie Speake Dwyer）讨论了这一话题，他们认为 STEM 教学不仅仅是涉及一个或多个 STEM 学科的教学。在本书中，作者从科学教育工作者的角度探讨了 STEM 教学。他们认为在 STEM 课程中，“数学、技术和工程的整合应该用来支持科学概念的学习”。为了强调这一点，霍林和德怀尔提出了 StEMT 理念。StEMT 教学模式以众所周知的 5E 教学模式——5E 学习环——开始，将工程挑战嵌入到“精致”环节。本书还附有大量“StEMT 化”的课例，以展示这种教学模式的潜力。

《STEM 课程如何设计：从 StEMT 理念到课例》让有时模糊不清的 STEM 定义变得清晰明了，对教师和教学管理人员都有帮助。根据已有研究结果和学校工作的实际情况，以及围绕美国《下一代科学教育标准》（*Next Generation Science*

Standards）在全国范围内的讨论，霍林和德怀尔提出的 StEMT 教学模式以及他们提供的教学活动案例将对广大中小学科学教师有实际帮助。

谢里 · A. 萨瑟兰（Sherry A. Southerland）
《科学教育》编辑
佛罗里达州立大学教师教育和教学学院院长

前言

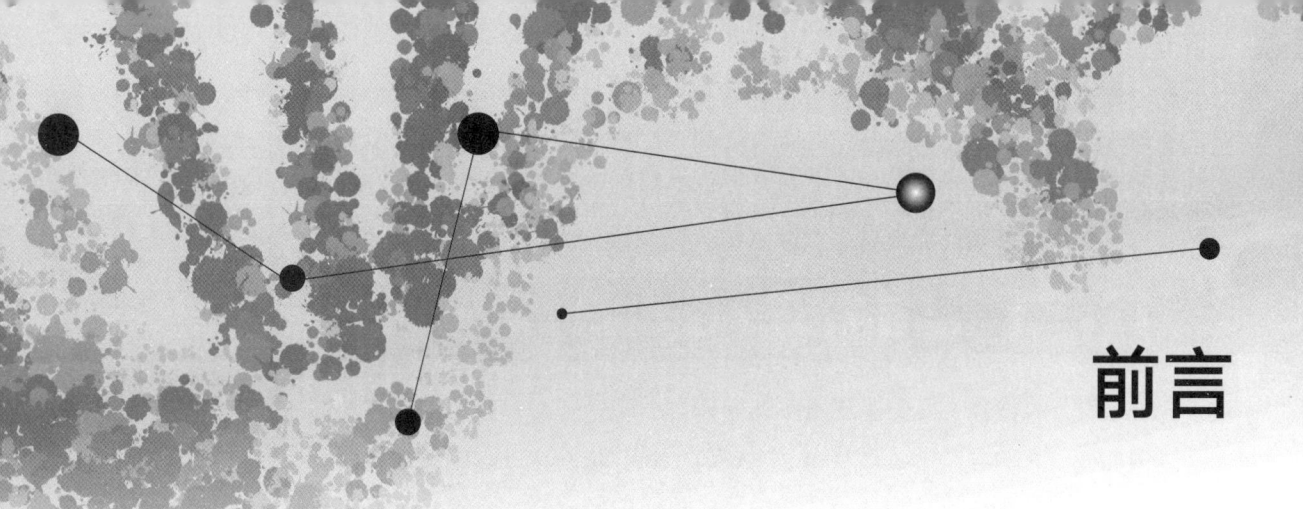

作为深入参与科学教学的教育工作者，我们（作者）理解 STEM 作为课程焦点的价值。作为中心办公室管理者，我们与 STEM 学院进行合作并提供 STEM 课程支持。我们的学区和美国其他学区一样，已经接受了 STEM。STEM 课程是一个极具吸引力的核心理念，它囊括了有助于学生在人生舞台上取得成功的所有课程。学校管理者和董事会很容易理解 STEM 是一种吸引和凝聚最优秀、最聪明学生的方式。我们对 STEM 的内容和实施条件有很好的理解，但是在大多数情况下，对于如何在课堂上实施 STEM 课程，我们的认识非常模糊。在面对“STEM 在课堂上是什么样的？”这个问题时，所有的教育者和学习者都感觉很矛盾。简单、坦诚（但对教育无益）的回答是：STEM 只是多个学科的任意组合，并且几乎不考虑课程的结果。换句话说，只要包含 STEM 四个学科中的一个、几个或全部，任何课程都可以被称为 STEM。

尽管 STEM 这种能满足任何需求的概念在哲学层面上听起来挺不错，但是当与目标明确、有严格质量期望的教学相结合时，这种模糊概念的应用很快就会出现问题。例如让学生参与制造一辆赛车是让他们学习问题解决技能的好方法，但在缺乏科学教育框架的情况下，这只是一个很酷的项目。

美国各州试图通过制订和采用各自的科学课程标准来解决这一问题。《K—12 科学教育框架》（*A Framework for K-12 Science Education*；NRC 2012）倡导工程实践的整合，并以此作为加强科学教学、整合 STEM 各组分尤其是工程部分的方式。各州科学教育标准的优秀之处在于，其科学教育的大概念基本上是一致的。教师如何教授和构建内容，对于学生学习、记忆重要的科学概念会产生显著的影响。课程标准是框架，教学法是将内容传授给学生的方法，STEM 则为学习提供了在现实生活中进行应用的整体结构。许多文章都将 STEM 描述为解决问题的方法，或者是帮助学生成为更好的问题解决者的方法。例如许多文献中提到了基于问题的学习（Problem-based Learning，PBL）或基于项目的学习（Project-based

Learning，PBL）。尽管很多文章经常提到这些教学方法，但是大多数文章都侧重于 STEM 组分的整合，很少谈及如何进行 STEM 教学。

正因如此，我们开始了重新构想 STEM 的工作。我们并没有抛弃基于研究的教学方法；相反，它们仍被包含在 STEM 框架内，这个框架中包含了源自工程组分的相关性。事实上，我们的方法融入了科学教育界几十年来研究儿童如何学习而取得的成果（例如 Carey 1991，1999；Chinn and Brewer 1993；Driver 1989；Driver et al. 1996；Posner et al. 1982；Sinatra and Chinn 2011）。我们的目标是设计一个简单、实用的过程，帮助教师能够在课堂上实施有意义的 STEM 活动。我们实施 STEM 的方法反映了我们对学生学习方式的所有了解：STEM 课程需要解决问题，并将工程实践和设计过程融入科学教学中，以增强科学教学与学生生活的相关性。我们现在已经有了一个直觉上的基础，在此基础上，通过 STEM 过程建立小学和初中阶段真正的STEM课程，这不是简单强调学生动手的课程，而是可以与现有的科学课程一起使用的课程。

我们在学区内的诸多培训上介绍了我们的理念，并与佛罗里达州科学督导员协会（Florida Association of Science Supervisors）做了分享。正如我们第一次培训时那样，参与者对我们提出的概念的简洁性感到震惊，因为它为一个原本模糊的概念赋予了意义。最近，我们和一位同事聊天时谈到了 STEM。为了更好地说明学科间的联系与教学过程，我们给出了关于 STEM 如何成为一个“过程而不是事物”的粗略纲要。听过之后，这位同事说：“这是我听过的关于如何开展 STEM 教学的最佳解释。你应该为教师们写一本书。”因此，我们编写了这本书《STEM 课程如何设计：从 StEMT 理念到课例》。我们希望中小学教师能够喜欢这本书，希望这本书能帮助大家把 STEM 学习轻松、有效地融入课堂教学中。

本书特色

- 即学即用的课例：14 个课例适用于 3—8 年级学生，且与《K—12 科学教育框架》中的学科核心概念相关（NRC 2012）。根据该框架，学科核心概念应：在科学或工程的多个学科中具有广泛的重要性，或者是单一学科中关键的组织性概念；为理解或探究更复杂的概念和解决问题提供关键的工具；与学生的兴趣和生活经历有关，或与需要用科学技术知识解决的社会问题、个人问题有关；具有可教性和可学性，可以在多个年级进行教学，且深度和复杂程度不断提高。在本书中，学科核心概念分为三个领域：地球与空间科学、生命科学以及物质科学。而第四个领域——工程、技术和科学应用——被嵌入到课程中，并不作为一个独立的领域存在。

- 基于标准的教学：由于美国各州的科学教学内容相当一致，本书将重点关注《K—12 科学教育框架》中确定的学科核心概念（NRC 2012）。科学教育中的大概念是一致的，我们如何教授这些内容对于学生学习、记忆重要的科学概念具有重要的影响。
- 基于建构主义理论：建构主义是一种关于学习的哲学，它认为学习者需要对新概念构建自己的理解。两位最著名的建构主义研究者是让·皮亚杰（Jean Piaget）和霍华德·加德纳（Howard Gardner），前者提出了认知发展阶段论，后者提出了多元智能理论。
- 倡导科学探究：《美国国家科学教育标准》（*National Science Education Standards*；NRC 1996）将探究定义为：

“一系列相互关联的过程，科学家和学生通过探究的过程提出关于自然界的问题并研究自然现象；在这一过程中，学生可以获得知识并对概念、原理、模型和理论形成深入的理解。探究是各个年级、各个科学学科领域中科学课程的重要组成部分，课程和项目的设计者必须确保获取知识的方法、教学策略和评价策略能够反映出学生通过探究获取对科学的理解。然后，学生将以一种反映科学实际工作方式的方法来学习科学。”

- 结合 5E 教学模式：由美国生物学课程研究所（Biological Sciences Curriculum Study，BSCS）首席研究员罗杰·拜比（Roger Bybee）领导的团队基于建构主义开发了一个名为“5E”的教学模式。虽然 BSCS 提出的 5E 和探究并不是同义词，但是 5E 教学模式是以建构主义理论为基础的，并通过一系列有计划的策略来提高学生的探究能力。5E 教学模式能够很好地适用于 StEMT 课程设计，但它并不是唯一有效的模式，因为任何基于建构主义的教学模式都可以被认为是优质教学的同义词。

- 运用主张、证据、推理（Claims, Evidence, Reasoning; 缩写为 CER）：有大量的研究表明通过科学过程学习科学内容在教学中很重要，当学生通过交谈或写作构建科学解释时，他们学到了重要的概念（Krajcik and Sutherland 2009，2010；Mc Neill and Krajcik 2009，2012；NRC 1996，2000，2012）。在撰写科学解释时，学生运用科学概念回答问题，或使用证据解决问题。学生构建的科学解释可以反映出他们对特定学习目标的掌握情况，学生最终必须在生活和现实世界中使用证据，以将他们的观点传达给他人。构建科学解释可以提高学生的推理能力，使他们更擅长运用批判性和分析性思维（McNeill and Krajcik 2009，2012）。当学生通过证据和推理证明其主张时，教师可以深入了解学生的思维和理解情况。通过将学科核心概念与工程实践相结合，教师可以制订学习目标并形成学生可以通过讨论或使用 CER 形式来回答的引导问题。读者可以参考附录 A，了解 CER 量表。

参考文献

Carey, S. 1991. Knowledge acquisition: Enrichment or conceptual change? In *The epigenesis of mind,* ed. S. Carey and R. Gelman, 257–291. Hillsdale, NJ: Lawrence Erlbaum Associates.

Carey, S. 1999. Sources of conceptual change. In *Conceptual development: Piaget's legacy,* ed. E. K. Scholnick, K. Nelson, and P. Miller, 293–326. Hillsdale, NJ: Lawrence Erlbaum Associates.

Chinn, C. A., and W. F. Brewer. 1993. The role of anomalous data in knowledge acquisition: A theoretical framework and implications for science instruction. *Review of Educational Research* 63 (1): 1–49.

Driver, R. 1989. Students' conceptions and the learning of science. *International Journal of Science Education* 11 (5): 481–490.

Driver, R., J. Leach, R. Millar, and P. Scott. 1996. *Young people's images of science.* Bristol, PA: Open University Press.

Krajcik, J. S., and L. M. Sutherland. 2009. IQWST materials: Meeting the challenges of the 21st century. Paper presented at the National Research Council Workshop on Exploring the Intersection of Science Education and 21st Century Skills, Washington, DC.

Krajcik, J. S., and L. M. Sutherland. 2010. Supporting students in developing literacy in science. *Science* 328 (5977): 456–459.

McNeill, K. L., and J. S. Krajcik. 2009. *Claim, evidence, and reasoning: Supporting grade 5–8 students in constructing scientific explanations.* New York: Pearson.

McNeill, K. L., and J. S. Krajcik. 2012. *Supporting grade 5–8 students in constructing explanations in science: The claim, evidence, and reasoning framework for talk and writing.* Boston: Pearson.

National Research Council (NRC). 1996. *National science education standards.* Washington, DC: National Academies Press.

National Research Council (NRC). 2000. *Inquiry and the national science education standards: A guide for teaching and learning.* Washington, DC: National Academies Press.

National Research Council (NRC). 2012. *A framework for K–12 science education: Practices, crosscutting concepts, and core ideas.* Washington, DC: National Academies Press.

Posner, G. J., K. A. Strike, P. W. Hewson, and W. A. Gertzog. 1982. Accommodation of a scientific conception: Toward a theory of conceptual change. *Science Education* 66 (2): 211–227.

Sinatra, G. M., and C. A. Chinn. 2011. Thinking and reasoning in science: Promoting epistemic conceptual change. In *Educational psychology: Contributions to education.* Vol. 3, ed. K. Harris, C. B. McCormick, G. M. Sinatra, and J. Sweller. Washington, DC: American Psychological Association.

致谢

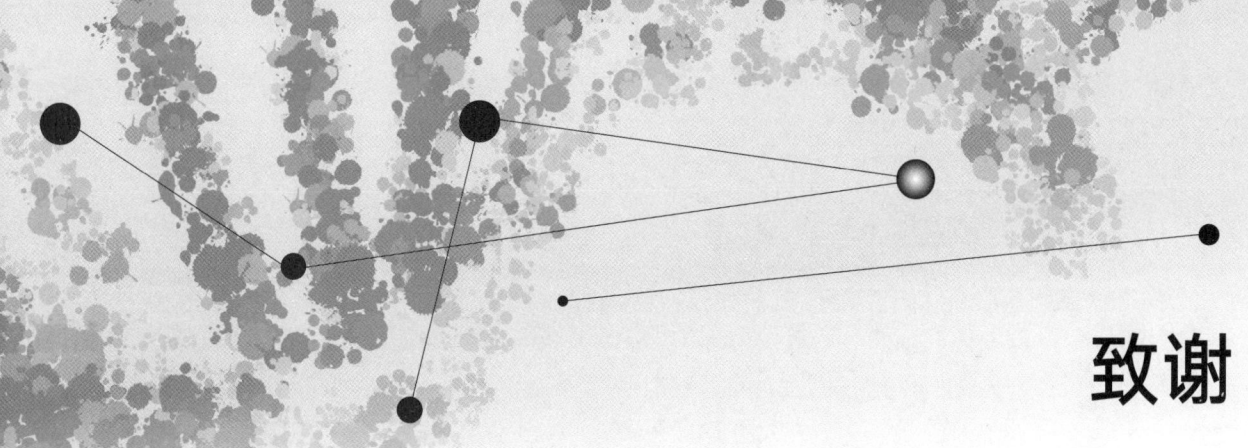

特别感谢来自美国波克县公立学校（Polk County Public Schools）的教师们，感谢你们在课堂上试用了 StEMT 课例，并提出反馈意见，帮助 StEMT 课例持续不断地改进。

作者简介

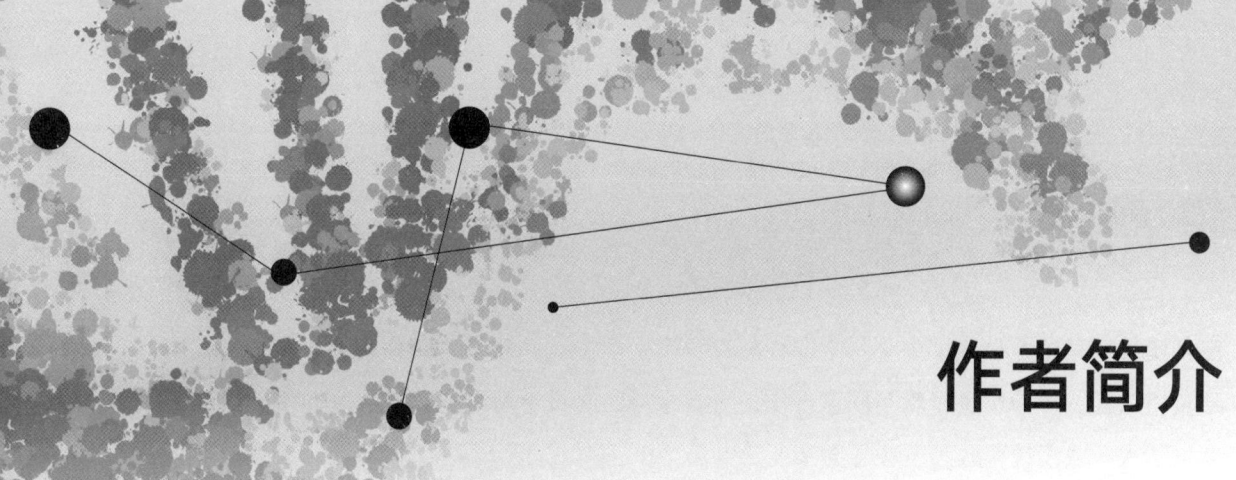

米尔顿·霍林（Milton Huling）博士

我是个书呆子，并以此为荣。

我喜欢在课堂上进行建模教学，让学生的科学学习变得更加生动。我在南伊利诺伊大学爱德华兹维尔分校（Southern Illinois University Edwardsville）获得了地球空间 / 地质学学士学位；在佛罗里达州立大学（Florida State University）获得了科学教育硕士学位，并通过额外的课程学习获得了教师资格认证；在南佛罗里达大学（University of South Florida）获得了课程和教学专业（科学教育方向）博士学位。

我的教学生涯始于伊利诺伊州，后在佛罗里达州得到延续。我曾在佛罗里达州的一个学区一直工作了 10 年，其中有 6 年时间是在教授高中物理和地球科学。我还担任过中学科学高级协调员、小学科学资深课程专家，有将近 20 年的教学经历。现在，我是波克州立学院（Polk State College）STEM 教育专业教授、南佛罗里达大学和得克萨斯大学里奥格兰德谷分校（University of Texas Rio Grande Valley）的兼职教授。

我每天都在设计课程，并与学区的技术部门携手为师生提供教学资源。我还通过创建专业发展的机会，为学校管理人员和教师提供服务。

杰姬·斯皮克·德怀尔（Jackie Speake Dwyer）博士

我是个科学极客，并以此为荣。

我热爱科学，我相信每个人都可以通过探究来学习科学，即使他们不是科学极客或书呆子。科学是面向所有人的！我在马里兰大学帕克分校（University of Maryland，College Park）获得海洋生物学理学学士学位。我在马里兰州自然资源部担任野外生物学家三年，在巴尔的摩美国国家水族馆担任水化学实验室技术员两年，在佛罗里达州环境保护部担任野外生物学家三年。之后在 1997 年，我决定到南佛罗里达大学攻读中学科学课程教育学硕士学位，并获得了高中生物学教师资格认证。作为一名喜欢与同事合作、喜欢学习的终身学习者，我又回到南佛罗里达大学攻读教育政策及领导力专业，并于 2011 年获得博士学位。

我有长达 20 年的教育经验，担任过高中教师、佛罗里达州一个学区（有 18,000 名学生）的课程专家、佛罗里达州教育部科学项目协调员以及佛罗里达州一个大型学区（有 100,000 多名学生）的科学学科高级主管。我现在与一个学区的科学团队合作，致力于 STEM 课程的研发、实施、评价，教师专业发展和社区伙伴关系的开发。

我们的理念

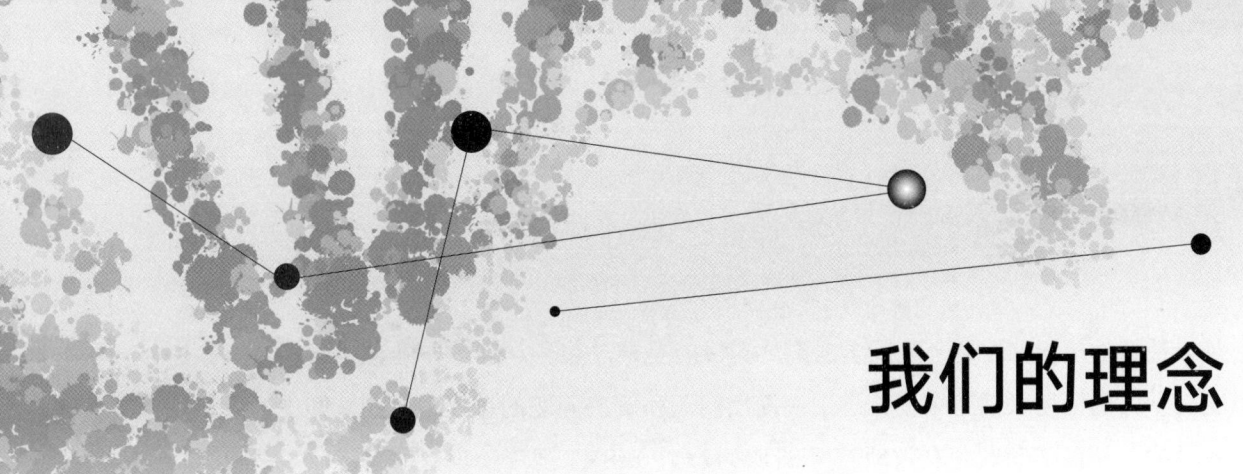

如果你一直在寻找教授 STEM 的方法，正如我们（作者）多年来所做的那样，那么你可以拿起这本书。如果你正在寻找一种有效地教授 STEM 的方法，那么你可能会想："我知道 STEM 是什么，你们这种方法有什么不同吗？"在接下来的几页中，我们将回答这个重要的问题，并对于如何使用我们的方法将 STEM 整合到你的课堂教学中提供逐步的指导。在本书中，你还会看到"StEMT"这个术语。你可能想知道，什么是 StEMT 呢？ StEMT 是我们将 STEM 理解为一个教学过程的方法，是我们的理念的核心。我们当然肯定不会去挑战 STEM，它是已经在教育用语中很有地位的缩略词。当你在本书中看到 StEMT 这个术语时，它就是在有目的地引导你以一种新的方式去思考，这种新的方式就是将 STEM 作为一种教学方法。

这不是一本取代整合式 STEM 或想与 STEM 并列的书。我们是 STEM 教育的坚定支持者，我们支持整合，但前提是整合是以有意义的方式实现的。我们也相信，STEM 教育可以让学生学习成为下一代工程师、科学家和数学家所必需的技能和思维方式。尽管 STEM 作为一个概念在教育领域已经成为老生常谈，但仍没有方法能指导教师理解在日常课堂中融入 STEM 会是什么样子。我们的解决办法正是针对这一问题的。解决办法就是 StEMT。同样，听到这里请不要跑出去更换你们学校的标志乃至学校的信纸。StEMT 是一种帮助我们思考 STEM 课程教学过程的方法。作为一种方法，StEMT 为教师和学生提供了清晰的视角，供他们在应用 STEM 技能和工具处理问题时使用。StEMT 提供了一种结构化的方法，为设计有效的、有意义的 STEM 课程提供了清晰的流程。我们对 STEM 概念的重新定义看似简单，但却提供了一种工具，让人们可以接受 STEM 这个模糊的概念，并将其转化为概念框架。

StEMT（也可以按照你的偏好仍将其称作 STEM）是有效的、相关的科学教学，能为每个孩子提供真实世界的体验。STEM 应该面向所有学生。StEMT 并不是一种教学模型，而是一个概念框架，其目的是通过将科学和数学与促进建构主义学习的活动联系起来，让学生在提出问题和解决问题的过程中受到认知上的挑战，从而帮助教师有效地教授 STEM 概念。StEMT 适用于现有的基于研究的教学模型，是优质教学的重要组成部分。事实上，通过课程的 StEMT 化，你可以使课程既与学生相关又令其兴奋。我们的目标是用 StEMT 替换现有课程的一部分，从而帮助教师提高当前科学课程的效率。在我们开始课程开发之前，理解 StEMT 概念框架的创建是非常重要的。要做到这一点，你必须理解 StEMT 的起源。

StEMT 理念

几乎每个教育工作者都能描述一个噩梦般的场景，在这个场景中，他们正在向同事提供专业培训，但在报告时无意中拼错了一些词。当和我们一起工作的人在工作中出现拼写错误时，大多数人都会感到不舒服。以 StEMT 为框架，第一次讨论将其作为一种方法是在米尔顿·霍林博士做的教师专业发展报告中。想象一下，一个大骰子被米尔顿从越野车后座上取出来，它的大小与车的载货区恰好吻合。事实上，为了确保完全吻合，骰子是米尔顿于家装品连锁店劳氏（Lowe's）购买材料后，在停车场就地制作的。它的骨架由 PVC 管制成，然后用红白相间的塑料桌布包裹，侧面是数字装饰。骰子被带进学校，放在了学校教师培训室前面的桌子上。当米尔顿把这个巨大的彩色骰子带进学校时，它引起了所有人的注意，包括他的同事杰姬·斯皮克·德怀尔博士。

报告以惯常的欢迎和介绍开始。杰姬抬头困惑地看着第一张幻灯片，她问："为什么第一张幻灯片上写着‘StEMT’？"米尔顿详细解释道，最近的阅读让他认识到，要想将 STEM 真正融入典型的科学课堂，就需要重新设想整个概念。让教师在专业发展的环境中明白这一点的唯一方法就是使其动态化。如果说技术是人类问题的解决方案，并且大多数关于 STEM 的论文都提到问题解决是 STEM 的组成部分，那么就必须使产生的技术作为问题的解决方案才有意义。这与 STEM 中的“T”完全是关于技术的整合而不是问题的解决方案这一观点相矛盾。

霍林博士的报告本身就包括了旨在解析科学问题与技术发展问题之间差异的活动。该活动是从名为“立方体”（Lederman and Abd-El-Khalik 1998）和“三立方体方法”（Lederman，n. d.）的“科学本质”（Nature of Science）活动中提取并改编而来的。一旦教师对科学与技术之间的差异有了概念性认知，就会更容易理解如何用数学和工程（工具）来弥合这种差异。科学通过探究提供基础知识。只有在理解了科学原理后，我们才能使用或应用这些知识来开发技术，即问题的解决方案。而数学和工程则是从科学理解走向技术的手段。StEMT 的含义如下：

St：融入了技术工具的科学；

E：工程设计过程；

M：数学实践和思维习惯；

T：作为产品或问题解决方案的技术。

我们认为这种从原理到应用的转变对于提供科学学习的相关性而言至关重要，而这种相关性正是许多科学课堂中通常所缺乏的。相对于被视为事物的 STEM，StEMT 被视为过程，它也具备丰富学生科学知识的潜能。这样一来，StEMT/STEM 并没有拓宽课程而给师生增加额外的负担。相反，它成为课程的焦点。

StEMT 的初次培训是在一所小学，这为将 STEM 培训扩展到 StEMT 过程培训奠定了基础。StEMT 培训分为多个层次进行：学区培训、州会议、数学和科学合作活动。在我们学区，我们使用 StEMT 作为教授 STEM 的方法，这是合乎逻辑的，尤其是当我们从基于问题的学习角度考虑时。

对 STEM 理念和技术的重新定义，强调了技术的重要性不仅仅在于在课堂上要使用技术手段，更在于要将技术（或问题的解决方案）作为教学的结果。当然，这并不是说技术的整合不重要，因为让学生接触到技术的使用是必不可少的。然而，在 StEMT 课程中更重要的是让学生回答什么样的问题，而且 StEMT 问题的设计对于帮助教师在课堂上实施 STEM 来说至关重要。

本书中所有的课例都改编自多个开放教育资源网站，你还会发现大多数基础活动已经流传多年，并且对许多教育工作者而言都是非常有效的活动。通常情况下，我们会根据为波克县公立学校设计的课程来调整 StEMT 活动。

参考文献

Lederman, N. (n. d.). An introduction to the nature of science and technology. Department of Mathematics and Science Education, Illinois Institute of Technology.

Lederman, N. G., and F. Abd-El-Khalick. 1998. Avoiding de-natured science: Activities that promote understandings of the nature of science. In *The nature of science in science education: Rationales and strategies*, ed. W. McComas, 83–126. Dordrecht, Netherlands: Kluwer Academic Publishers.

课例与标准的联系

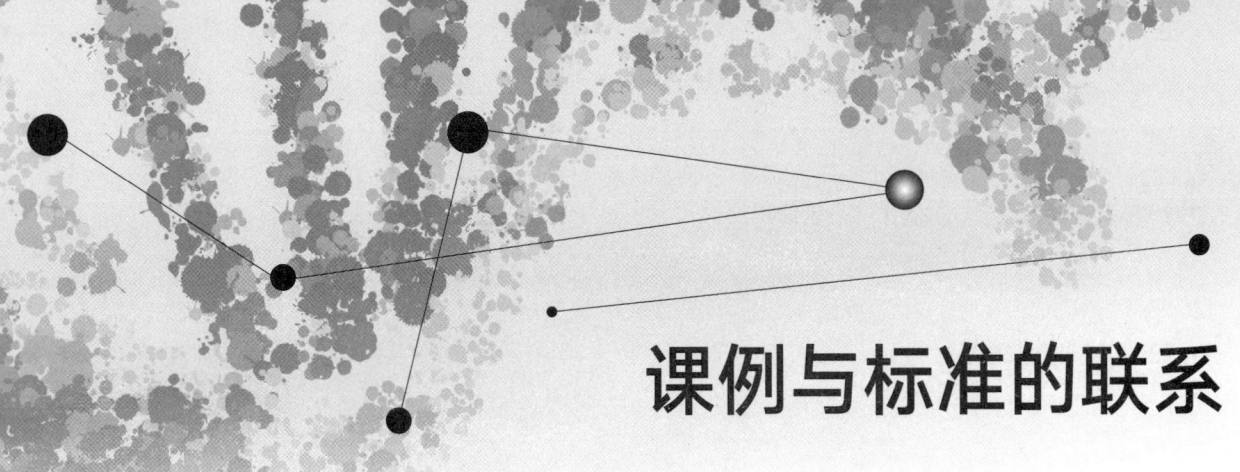

课例与《K—12 科学教育框架》（NRC 2012）中学科核心概念的对应如下：

章	课例标题	年级	学科核心概念和组成部分
七	飞向太空，浩瀚无垠	3—6	地球与空间科学：地球与太阳系（ESS1.B）
	植物植物快快长	3—6	地球与空间科学：地球物质与系统（ESS2.A）
	风暴来袭心慌慌	3—6	地球与空间科学：自然灾害（ESS3.B）
	清洁用水，造福全球	3—6	地球与空间科学：人类对地球系统的影响（ESS3.C）
八	细胞都市大揭秘	5—8	生命科学：结构和功能（LS1.A）
	小小蜘蛛结新网	5—8	生命科学：生态系统中的相互依存关系（LS2.A）
	咯咯哒，咯咯哒，辛苦的工作太烦啦	5—8	生命科学：生态系统的动力学、功能与恢复能力（LS2.C）
	基因改造大作战	5—8	生命科学：性状的遗传（LS3.A）和变异（LS3.B）
	神奇生物住哪里？	5—8	生命科学：自然选择（LS4.B）
九	空气还是风，傻傻分不清	3—6	物质科学：物质的结构与特性（PS1.A）
	航空母舰弹射器	3—6	物质科学：力与运动（PS2.A）
	低温保鲜不能少	3—6	物质科学：能量守恒与能量转移（PS3.B）
	弹起我心爱的小乐器	3—6	物质科学：波的特性（PS4.A）
	镜子镜子墙上挂	3—6	物质科学：电磁辐射（PS4.B）
整合到课程中			工程设计（ETS1）及工程、技术、科学和社会之间的联系（ETS2）

数学实践标准

《州共同核心数学标准》（*Common Core State Standards for Mathematics*; NGAC and CCSSO 2010）中确定的八项数学实践标准如下：

1. 理解问题并持之以恒地解决问题；
2. 进行抽象的、量化的推理；
3. 构建可行的论证并评判他人的推理；
4. 使用数学进行建模；
5. 策略性地使用恰当的工具；
6. 关注精确性；
7. 寻找并理解结构；
8. 在反复的推理中寻找并表达规律。

科学与工程实践

《K—12 科学教育框架》（NRC 2012）中确定的所有学生必须学习的八项科学与工程实践如下：

1. 提出（科学）问题并明确（工程）难题；
2. 构建并使用模型；
3. 设计并实施探究；
4. 分析并解释数据；
5. 使用数学、信息技术和计算机技术，以及计算思维；
6. 构建（科学）解释并设计（工程）解决方案；
7. 参与基于证据的论证；
8. 获取、评价并交流信息。

参考文献

National Governors Association Center for Best Practices and Council of Chief State School Officers (NGAC and CCSSO). 2010. *Common Core State Standards*. Washington, DC: NGAC and CCSSO.

National Research Council (NRC). 2012. *A framework for K–12 science education: Practices, crosscutting concepts, and core ideas*. Washington, DC: National Academies Press.

第一章 STEM 是什么？

STEM（科学、技术、工程和数学）已成为教育领域的老生常谈。美国国土安全部（Department of Homeland Security 2012）、美国国家科学基金会（National Science Foundation 2010）和美国童子军（Boy Scouts of America 2013）等众多组织现在采纳了这一概念，这充分说明了 STEM 的广泛性。在美国，我们在国内或国际上的排名如何，是关于教育形势讨论最多的话题。解决方案似乎总是我们需要更加重视 STEM，但 STEM 是什么呢？

STEM 这一首字母缩略词第一次出现是在 20 世纪 90 年代（Capraro et al. 2015），此后便在教育领域迅速传播开来。STEM 适用于涉及科学、技术、工程和数学这四门学科的任何内容（Bybee 2010）。或许不足为奇，这些学科中最自然的融合可以发生在数学和科学之间，因为数学作为一种帮助科学采用实证方式解释自然世界的方法，是从科学学科发展而来的。在 STEM 运动中，技术和工程被它们的 STEM 同行——科学和数学——遮蔽了光芒。尽管一些技术教师认为，整合技术和工程是自己分内的工作，但他们仍将 STEM 视为四门独立的学科（Sanders 2009）。拜比（Bybee 2010）认为让学生熟悉技术是十分重要的。技术的使用对于科学、工程和数学的应用至关重要。

对于 STEM 应该是什么样子的，留给众人的问题多于答案。首先，除其基本组成部分之外，STEM 是什么？ STEM 是这四门学科中的任何一门吗？它是这四门学科中部分学科或全部学科的整合吗？甚至有更多学科被纳入 STEM 的基础结构中，例如 STEAM、STREAM 和 STREAMSS，这让人不禁思考这些学科如何结合在一起。许多人认为，将人文学科纳入 STEM 是必要的。其他人则提出了在 STEM 中加入阅读和社会学科方面的理由。什么时候我们才能停止向 STEM 中添加字母，而开始以其原名称呼它呢？对于那些想要在 STEM 缩略词中加入更多字母的人，我们的回应是，在将更多的学科加入其中之前，必须首先整理好我们的“STEM 家族”。问题仍然是：STEM 是一个事物，还是从典型的分科课程到各组成部分全面整合的连续统一体？

一些人将 STEM 描绘成学生进行机器人设计和编程的课堂。你会发现几乎没有人不同意这样的观点：技术吸引学生，这些类型的活动可以促进学生之间的合作。在美国国内和国际上，以 STEM 为主题的会议不计其数。似乎每个可能的行业合作伙伴都能为 STEM 教育提供一些东西。我们似乎还剩下两个基本的问题：什么是 STEM？教师如何把 STEM 的理念融入他们的课堂？考虑到大多数教师不可能停下教授生物或物理的工作，转而去教授学生编程或其他基于技术的技能，后一个问题似乎是最难以捉摸的。

尽管随着美国《下一代科学教育标准》的颁布，我们认识到大多数人所熟悉的 STEM 举措与《K—12 科学教育框架》（NRC 2012）所描述的预期成果之间存在相似性，但有意义的 STEM 活动和课程在课堂上的应用仍然令人难以把握。随着技术以不断增长的速度渗透到我们生活的方方面面，教育将如何跟上步伐？这个问题的答案或许是教育可能跟不上，尤其是如果教育界继续坚持向学生教授那些可能在他们毕业之前就已过时的技能。相反，我们应培养学生，使其掌握为尚未存在的问题制订解决方案所需的知识、技能和工具（Darling-Hammond 2010）。很难看出，这四门学科整合成的 STEM 如何实现如此远大的目标。

我们编写本书的目的是支持教师有效且高效地运用所有他们所熟悉的、基于研究的教学策略，将 STEM 融入课堂教学中。本书按照以下顺序编排章节：（1）为读者提供关于 STEM 领域的概述；（2）为 StEMT 概念框架提供理论基础；（3）为教师将典型的科学课“StEMT 化”提供循序渐进的教学指南。此外，书中还提供了丰富的课例，以说明将 STEM 融入课堂是轻而易举的事。

动手活动的安全注意事项

在本书中，课堂活动的安全预防措施以安全须知的形式提供。教师还应查阅并遵守当地的制度和条款。其他适用的标准操作程序可以在美国科学教师协会（National Science Teachers Association）的《科学教室、实验室和野外场所的安全》（*Safety in the Science Classroom, Laboratory, or Field Sites*）文件中找到。

免责声明：每项活动的安全预防措施在某种程度上是基于推荐的材料及说明、法定的安全标准和良好的专业实践提出的。为这些活动选择替代材料或步骤可能会影响其安全级别，因此风险由用户自行承担。

参考文献

Boy Scouts of America. 2013. STEM in scouting.

Bybee, R. W. 2010. Advancing STEM education: A 2020 vision. *Technology and Engineering Teacher* 70 (1): 30–35.

Capraro, M. M., R. M. Capraro, S. Metoyer, S. Nite, and C. A. Peterson. 2015. Promising practices in STEM teaching and learning: A meta synthesis. Paper presented at the STEM Collaborative for Teacher Professional Development, Texas A&M University, College Station, TX.

Darling-Hammond, L. 2010. *The flat world and education: How America's commitment to equity will determine our future.* New York: Teachers College Press.

Department of Homeland Security (DHS). 2012. DHS announces expanded list of STEM degree programs.

National Research Council (NRC). 2012. *A framework for K-12 science education: Practices, crosscutting concepts, and core ideas.* Washington, DC: National Academies Press.

National Science Foundation (NSF). 2010. Preparing the next generation of STEM innovators: Identifying and developing our nation's human capital.

Sanders, M. 2009. STEM, STEM education, STEMmania. *Technology Teacher* 68 (4): 20–26.

第二章 STEM 学习项目包括什么？

STEM 这个首字母缩略词指代科学、技术、工程和数学。STEM 领域的从业者利用科学和数学解决问题，并通过创建新理念、新公司和新产业来推动国家创新，提升国家竞争力（Honey，Pearson，and Schweingruber 2014）。

STEM 代表的四门学科

科学是对自然世界的研究，包括与物理、化学和生物相关的自然定律，以及对这些学科相关的事实、原理、概念和规则的处理与应用（Morrison 2006）。科学既指随时间逐渐积累起来的一系列知识，又指产生新知识的过程——科学探究。科学知识能为工程设计过程提供信息（图 2.1）。

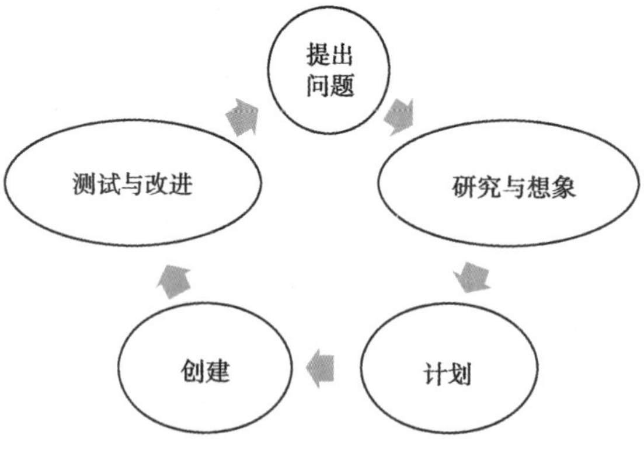

图 2.1 工程设计过程

来源：Teach Engineering（2015）

技术，虽然严格意义上不能算作一门学科，但是它包含了用于创建和操作技术制品的整个系统以及制品本身，这个系统包括人员、组织、知识、过程和设备。在漫长的历史中，人类创造了技术来满足自己的需求。很多现代技术都是科学和工程的产物，而技术工具在这两个领域也都有着广泛的应用（National Academy of Engineering and NRC 2002）。

工程既是有关设计、创造人工产品的知识体系，也是解决问题的过程。工程学是在限制条件下进行设计的过程。其中一个限制条件就是自然定律，或者说科学定律。其他限制条件包括：时间、金钱、可用材料、人体工程学、环境法规、可制造性和可修复性。工程中会用到科学和数学概念，以及技术工具（National Academy of Engineering and NRC 2014）。

数学是一门研究数量、数字和空间之间的模式和关系的学科。数学与科学不同：在科学中，实证数据是用来证明或推翻相关主张的，而数学中的主张则是通过基于基本假设的逻辑论证来证明的。逻辑论证和主张都是数学中的一部分。与科学一样，数学知识也在不断发展。不过与科学不同的是，在数学中，除非基本假设有所改变，否则数学知识是不会被推翻的。K—12 阶段数学的概念范畴具体包括：数字、算术、代数、函数、几何、统计和概率。在科学、工程和技术中都会用到数学。

大多数研究都关注学生在科学和数学学习中的认知成果。作为当前问责环境下衡量教学实践好坏的一种手段，这些成果最受关注。更多的社会性成果则与学生的大学专业选择、职业选择和学科厌恶等相关。在高利害的测试环境中，关注学生的认知成果以判断 STEM 项目的质量和有效性是有必要的。

STEM 卓越教学研究所（Teaching Institute for Excellence in STEM，TIES）的贾尼丝·莫里森（Janice Morrison）认为，STEM 项目应该包括以下特征（Morrison 2006）：

- 以问题解决、发现、探究性学习、独立或合作研究项目为驱动，要求学生积极关注与自然现象相关的问题，并找到解决方案；
- 需要学生养成运用技术的思维习惯，整合工程设计，要求学生进行系统化思考（合作与交流）、维护和故障排除；
- 以创新的教学方式让学生应用所学技能（读、写、说、听、算）对所有的核心学科（英语、数学、科学和社会学科）进行更深层的探究；

- 通过技术为学生提供具有创造性和创新性的问题解决方法，让学生对其所学过的概念性内容进行应用。

学校要将 STEM 项目纳入现有课程，必须满足就业和高等教育的需求，关注知识的应用和学生高阶思维的发展。学生进行工程设计，可以打破核心学科之间的界限，促进科学和数学知识的迁移以及学术技能的应用。

STEM 课堂具有以下特征：

- 活跃且以学生为中心；
- 能够支持学生自发提问以及制订探究计划；
- 是发明与创新的中心；
- 既是教室，又是实验室（包括工程实验室）；
- 支持多种教学模式；
- 能覆盖具有不同学习风格以及有学习障碍的学生；
- 整合真实世界中的情境或难题。

受过 STEM 教育的学生具有以下特征：

- 他们是问题解决者，能够明确问题和难题，设计探究方案以获取、收集和整理数据，得出结论，并能够将相关知识应用到新的情境中；
- 他们是创新者，能够将科学、数学和技术领域中的概念和原理创造性地应用到工程设计过程中；
- 他们是发明者，能够认识到现实需求，并创造性地设计、测试、修改和实施解决方案；
- 他们具有自主性，能够主动规划、自我激励、建立和发展自信，并按照指定的时间计划进行工作；
- 他们是逻辑思考者，能够应用科学、数学和工程设计中的理性思维和逻辑思维进行创新和发明；
- 他们具有较高的技术素养，能够解释技术的本质，发展所需的技能，并适当地应用技术。

尽管 STEM 教育的目标是以某种跨学科的方式进行这四门学科的教学，但很多时候，实践和理论之间存在着差距。真正整合的跨学科 STEM 课程进展缓慢，尚未普遍存在于课堂中（Capraro et al. 2015）。这一问题的部分原因可能在于教育工作者如何在这些学科各自的定义之上对 STEM 进行界定。如果要超越这四门独立的学科，以跨学科 STEM 的视角关注其协同作用，我们应该如何做呢？

参考文献

Capraro, M. M., R. M. Capraro, S. Metoyer, S. Nite, and C. A. Peterson. 2015. Promising practices in STEM teaching and learning: A meta synthesis. Paper presented at the STEM Collaborative for Teacher Professional Development, Texas A&M University, College Station, TX.

Honey, M., G. Pearson, and H. Schweingruber. 2014. *STEM integration in K-12 education: Status, prospects, and an agenda for research.* Washington, DC: National Academies Press.

Morrison, J. 2006. TIES STEM Education Monograph Series: Attributes of STEM education—The student, the academy, the classroom. Teaching Institute for Essential Science (TIES).

National Academy of Engineering and National Research Council (NRC). 2002. *Technically speaking: Why all Americans need to know more about technology.* Washington, DC: National Academies Press.

National Academy of Engineering and National Research Council (NRC). 2014. *STEM integration in K-12 education: Status, prospects, and an agenda for research.* Washington, DC: National Academies Press.

Teach Engineering. 2015. Engineering design process.

第三章 将“如何做”与“为什么”相匹配

在21世纪迎接技术挑战的新视角下，STEM依然是显而易见的话题。STEM四门主干学科的迭代和更多学科的加入（如STEAM、STREAM、STREAMSS），使教育工作者界定STEM并将其付诸实践变得更加复杂。仍旧存在的问题是，STEM或由其衍生出来的众多概念在实践中是什么样子的？STEM课程有什么特征是毋庸置疑的吗？即使存在全面整合的可能性，这样的课程应该是什么样的呢？《教育周刊》（*Education Week*）中的一篇文章（Jolly 2014）指出优秀的STEM课程应该具备以下六个特征：

1. 关注现实世界中的问题与难题；
2. 由工程设计过程来引导；
3. 让学生沉浸在动手探究和开放式探索之中；
4. 让学生参与到富有成效的团队合作中；
5. 让学生应用学到的严密的数学和科学知识；
6. 允许多种正确答案，并将失败重新定义为学习的必要组成部分。

在公共领域中找到的大多数STEM课程并不具备所有这六个特征，而且许多课程可能连其中一个特征都不具备。但这六个特征是否足以确保学生的参与程度和概念学习效果呢？如何在课程中引入这些特征是至关重要的，而StEMT化的课程可以确保教学过程适得其所，且课程不会支离破碎。

从建造桥梁到发射火箭，许多工程项目已经被使用了很多年。这些项目中，有多少项目更关注学习如何使用或共享胶水，而不是关注其中的工程或科学呢？

多数情况下，学生只是建造了一座塔或一座桥而已。由于建造第一个版本的塔或桥所需的时间非常长，所以如果第一个版本失败了，大多数科学教师无法给学生提供时间，让他们重新设计、重新建造。可以肯定的是，这样的课例中的工程设计部分会因此而缺失，不过科学部分怎么样呢？

我们已经看到的许多例子表明，工程在 STEM 的幌子下孤立存在是司空见惯的。孤立的工程设计挑战会导致科学目标方面的缺失。大多数学生都能把木棒（或者用于建造塔或桥的任何材料）粘在一起。如有必要，他们可以将塔建得尽可能高，将桥建得尽可能长。他们甚至可能运气比较好，能根据他们见过的塔或桥来选择一个稳固的设计方案。更常见的测试针对的只是胶水黏合点的强度，而不是真实的桥梁设计。那么，学生学到了什么？此外，仅仅凭借可以包含上述列出的大部分或全部标准，我们并不能确保一门 STEM 课程就是高品质的。这些课程大多数都无法通过高品质 STEM 课程的试金石测试，原因在于“如何做”与“为什么”并不匹配。不幸的是，在太多的情况下根本就没有“为什么”，更不必说将“为什么”与“如何做”相匹配了。

为了进一步说明这一点，让我们回顾一个非常流行的、大多数科学教师都见过的工程设计挑战：棉花糖挑战。棉花糖挑战在 2010 年汤姆·武耶茨（Tom Wujec）广受欢迎的 TED 演讲（Wujec 2010）发表之后变得非常流行。该挑战是用 20 根意大利面、1 码（1 码等于 91.44 厘米）长的胶带、1 码长的绳子和 1 个棉花糖来搭建一座尽可能高的塔。团队会有一个时间限制——通常设定为 18 分钟，他们要用提供的材料设计并建造一座塔。

棉花糖挑战是一个 STEM 课程吗？它对于团队建设、练习解决问题，以及让团队成员学习基于各自的优势协力完成工作，都是非常棒的。然而这些类型的挑战，在实现科学概念教学的目标方面具有一定的局限性。我们认为目标，或者说“为什么”，是科学概念的教学。在科学课堂中，无论采取的是分科还是整合的方式，科学内容应该是教学的驱动力。我们认为数学、技术和工程的整合，是用来支持科学概念的学习的。如果“为什么”是把科学概念作为目标的，那么“如何做”呢？

科学教育界关于科学教学的认识是，必须以外显的方式教授科学，且必须让学生反思其所学内容。换句话说，仅动手实践的教学是不够的，我们需要的是一种让学生既动手又动脑的教学方法（Bybee et al. 2006）。在后面一章中，我们将讨论针对学生前概念（其中有些可能是错误概念）的教学模式的重要性。

重要的是，我们要为实现学习成果制订明确的计划，而不是寄希望于学习成果是教学的自然产物。早在 1901 年，赫巴特（Herbart 1901）就意识到，任何新的知识都需要与之前的知识相联系。好的教学实践同样让学生建立新知识与跨学科概念之间的联系（NRC 2012）。赫巴特进一步解释说，必须让学生以某种有意义的、相关的方式应用或展示他们的知识，这似乎是基于问题的学习或者基于项目的学习的早期案例。100 多年前，人们就已经知道教学应该是有目的的、外显的，教师应该使用相关的主题来帮助学生在抽象概念与其周遭世界之间建立联系。

波斯纳等人（Posner et al. 1982）指出，由于学习是在前概念的背景下发生的，所以首先学生必须知道他们的基本假设。此外，概念转变的发生，需要满足下列条件：

1. 学习者必须对现有的概念感到不满；
2. 新的概念必须是可理解的；
3. 新的概念一开始看起来必须是合理可信的；
4. 新的概念应该表明一个富有成效的研究计划的可能性。

在第五章中，我们将讨论如何使用 5E 教学模式来让学习有目的。现代教育为我们提供了学生应该掌握的知识体系，知识体系通常是以课程标准的形式呈现的。这些标准是教育工作者在规划课程时应瞄准的目标。因为我们知道学生的预期学习成果，所以很显然我们所创设的课程是目标外显的，这可以帮助学生达到深入理解所考察的概念的目标，并帮助学生建立所学与现实情境之间的联系。杜威（Dewey 1910）表示，学习的开始需要让学生对某一现象或情境产生困惑、混淆和怀疑。杜威的教学模式要求教师提供一种让学生感到受阻、感觉存在问题的体验。稍后讨论的 5E 教学模式要求学生将注意力集中在一个物体、问题、情境或事件上。这一阶段的活动与学生以往的经验相联系，可以暴露出他们的错误概念（BSCS and IBM 1989）。

将一节课聚焦在一个或多个恰当的问题上，是构建有效 STEM 课程的关键。我们希望学生从课程中学到什么呢？ STEM 课程与其他课程没有什么大的不同。

关于学生如何学习有大量的研究，这些研究的结果不能也不应该被放弃。如果目标是通过STEM过程来对所学进行应用、拓展，以及提供额外支持，那么“为什么”（为什么我们这样设计课程？）必须与“如何做”（我们如何促进学生学习？）积极地联系起来。

除了“为什么”需要与“如何做”（如何充分、清晰地表达或展示目标科学概念）相匹配，还有哪些其他变量呢？你可能已经注意到了，在优秀的STEM课程所需的条件列表中，整合并不在列，这是为什么呢？让我们回到第一章开始时提出的重要问题：什么是STEM？它指的就是整合吗？整合与一个好的STEM课程之间有什么关系呢？

参考文献

BSCS and IBM. 1989. *New designs for elementary science and health: A cooperative project between Biological Sciences Curriculum Study (BSCS) and International Business Machines (IBM).* Dubuque, IA: Kendall Hunt.

Bybee, R. W., J. A. Taylor, A. Gardner, P. VanScotter, J. Carlson Powell, A. Westbrook, and N. Landes. 2006. *The BSCS 5E Instructional Model: Origins and effectiveness.* Colorado Springs, CO: Biological Sciences Curriculum Study.

Dewey, J. (1910) 1971. *How we think.* Chicago: Henry Regnery Company.

Herbart, J. 1901. *Outlines of educational doctrine*, ed. A. Lange, trans. C. DeGarmo. New York: Macmillan.

Jolly, A. 2014. Six characteristics of a great STEM lesson. *Education Week.*

National Research Council (NRC). 2012. *A framework for K–12 science education: Practices, crosscutting concepts, and core ideas.* Washington, DC: National Academies Press.

Posner, G. J., K. A. Strike, P. W. Hewson, and W. A. Gertzog. 1982. Accommodation of a scientific conception: Toward a theory of conceptual change. *Science Education* 66 (2): 211–227.

Wujec, T. 2010. Build a tower, build a team. TED.

第四章 整合就足够了吗？

STEM 仅仅是整合吗？甚至连 STEM 缩略词本身也未能提供多少关于如何整合这些学科的线索。那么是什么使一门课程成为 STEM 课程的呢？ STEM 是指在科学课程中包含更多聚焦数学的成分，还是仅仅指一种不错的科学教学？使用了图形计算器、数字化传感系统或者计算机，就更接近 STEM 的目标了吗？在此重申，虽然那是一种不错的科学教学，但未必就是 STEM。STEM 课程的判断依据究竟是是否纳入了工程挑战，还是活动是否支持了最初的科学概念的学习？或许有人认为，即使是独立于原有科学课程的技术概念，只要将其整合到课程中，就算是 STEM；有人可能认为，任何对技术的整合都可以将一门特定的学科课程转变为 STEM 课程。但是，STEM 并不仅仅是对技术的整合（National Academy of Engineering and NRC 2014）。我们与美国国家工程院（National Academy of Engineering）和美国国家科学研究委员会（National Research Council）持同样的立场，认为 STEM 不仅仅只是简单的整合。

回溯最初对科学的定义，科学被定义为对自然界的探索。那么科学家和工程师提出的问题有什么不同呢？科学家的追求是理解物质世界，而工程师的任务是改善物质世界以造福人类。例如科学家可能会研究一种新的化合物，看它是如何跟其他原子或分子相互作用的。工程师则会关注这种化合物能用来做什么。我们认为科学与其应用之间的这种不同，正是 STEM 问题的关键之处。我们该如何利用工程及其产生的技术来支持科学概念的学习？答案可能是，将技术作为 STEM 课程的成果而非教学的一部分。

我们认为，仅仅将技术整合进来并非STEM教育的目的。似乎很难理解，将技术整合到科学课程中的做法是如何让我们更接近民主的愿景的（Driver et al. 1996）。因此在教育改革中，它通常会作为论证学生将成为问题解决者或良好的信息处理者的论据。显然，学生想要成为一个问题解决者，就必须要有解决问题的经历。仅仅将STEM中的部分或全部学科整合到一门课程中，似乎并不足以实现这些远大的目标。甚至在《K—12科学教育框架》（NRC 2012）中有如下陈述：

> “工程和技术与物质科学、生命科学以及地球与空间科学同等重要，其主要原因有两个：一是反映理解人造世界的重要性，二是肯定更好地整合科学、工程和技术的教学的价值。”

多数科学教育工作者都熟知5E教学模式（Bybee et al. 2006），如图4.1所示。

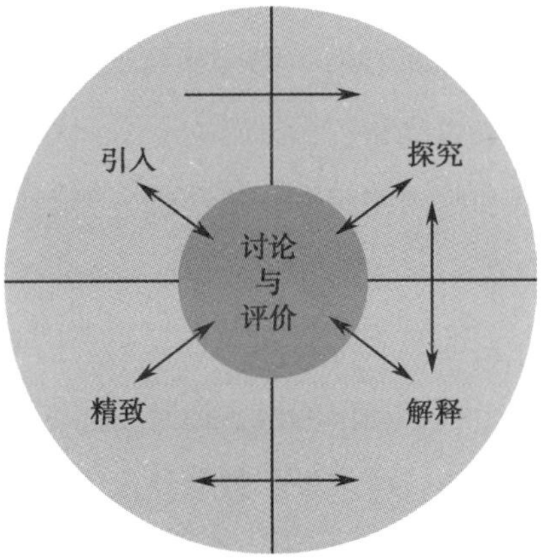

图 4.1　BSCS 5E 教学模式

来源：摩根及安斯伯里（Morgan and Ansberry 2017）

在一门课程中，可以用工程内容来激发并推动学生学习科学吗？当然，建造桥梁并观察桥梁断裂对于学生来说是很不错的引子，对于教师来说也是个良好的契机，让教师可以开始对基础的科学原理进行提问。但是，这是STEM吗？在建造最初的桥梁时，学生真的学到了其中的科学原理吗？作为激发学习的工程部分是否可以暴露学生的错误概念？使用桥梁应力模拟以融入技术会更有效吗？这些是我们听到的针对STEM教育现状的主要几类问题。

根据托马斯·休斯（Thomas Hughes）2004年所著的《人造世界》（*Human-built World*；Hughes 2004）一书，工程之所以存在，是因为我们有必要理解人类建造的这个世界。从这些方面来讲，STEM 中工程的目的似乎需要技术概念的建构（无论是组装的还是概念建模的）。《K—12 科学教育框架》（NRC 2012）中也指出了将技术和科学、工程一起纳入科学教育的必要性。所以对于科学学习来说，整合意味着什么？就开发有效的 STEM 课程而言，这留给我们什么启示？

重排 STEM 缩略词以促进有效的 STEM 教学

科学（Science，S）是致力于描述和理解自然界及其特性的知识体系。科学知识可以用来进行预测，科学也是产生知识的过程。工程（Engineering，E）是在限制条件下进行设计，并寻求社会问题和社会需求的解决方案。工程的目标是在现有资源和限制条件下（对科学提出的问题）给出最佳的解决方案，工程使用工程设计过程来产生解决方案和技术。数学（Mathematics，M）是研究数量的学科。它寻找模式，运用抽象思维和逻辑推理对一个问题进行思考和探索，通过有逻辑的推理来解决常规或非常规的问题。工程师需要利用数学来设计新技术。技术（Technology，T）是产生于工程的知识体系、系统、过程和人工产品。人们为解决需求或满足需要所制造的几乎每种东西都是一种技术，比如：铅笔、鞋、移动电话，以及水处理过程。科学提出问题，通过使用工程设计和数学，开发出新的技术来解决科学提出的问题。科学加上教学技术工具（tools，t）、工程、数学以及技术组成 StEMT，这就是一个过程。

传统的 STEM 课程可能会用这样的问题来引导教学：热量是如何影响水的存在形态的？而一个 StEMT 化的问题示例可能会是：如何利用相变和物态的知识来为第三世界国家的人们提供清洁的饮用水？

针对“水的三态”这一主题，可以在课程第一部分使用传统的问题。接下来，当学生掌握了相关概念并准备好将知识应用到实际问题中时，就可以引入后面这个基于现实的、StEMT 化的问题。这种方法将 StEMT 化放在 5E 教学模式的精致环节，把工程设计和问题解决与科学概念进行有意义的关联。需要明确的是，我们并不是说只有工程活动才能放在 5E 教学的精致环节。如果想在课程中合乎逻辑地融入工程部分，那么精致环节是非常合适的环节。在某些情况下，工程并不是学生深入理解一个概念所必需的。在这样的情况下，你可以采取其他类型的拓展活动。例如你可以选择一个研究活动，让学生钻研具体情境中的科学。在本书后面章节的课例中，也包含了我们多年来在教案中看到的其他常见类型的活动。我们为本书所选择的课例主要是能够从工程部分受益的案例。

参考文献

Bybee, R. W., J. A. Taylor, A. Gardner, P. Van Scotter, J. Carlson Powell, A. Westbrook, and N. Landes. 2006. *The BSCS 5E Instructional Model: Origins and effectiveness.* Colorado Springs, CO: Biological Sciences Curriculum Study.

Driver, R., J. Leach, R. Millar, and P. Scott. 1996. *Young people's images of science.* Bristol, PA: Open University Press.

Hughes, T. P. 2004. *Human-built world: How to think about technology and culture.* Chicago: University of Chicago Press.

Morgan, E., and K. Ansberry. 2017. *Picture-perfect STEM lessons, K–2: Using children's books to inspire STEM learning.* Arlington, VA: NSTA Press.

National Academy of Engineering and National Research Council (NRC). 2014. *STEM integration in K–12 education: Status, prospects, and an agenda for research.* Washington, DC: National Academies Press.

National Research Council (NRC). 2012. *A framework for K–12 science education: Practices, crosscutting concepts, and core ideas.* Washington, DC: National Academies Press.

第五章 通过探究和5E教学模式开展StEMT教学

5E教学模式（Bybee 1993a，1993b，2015）融合了探究性学习环境的各个方面：吸引学生参与，让学生探究引入的概念，让学生对正在学习的概念进行解释，并让学生通过将所学知识应用于新的情境中来展示他们所学到的东西。根据建构主义学习理论，知识的建构是学生将新的信息整合到他们已有的知识库（Bodner 1986）。

5E教学模式

我不知道人们怎么回事：他们不通过理解来学习，而是通过死记硬背什么的。他们的知识太碎片化了！

——理查德·费曼（Richard Feynman），诺贝尔物理学奖获得者

上面的引文描述了知识以及多数人获得知识的方式。要完全理解这两句话的含义，就需要对句子进行解构。什么是通过死记硬背来学习？换句话说，人们是否有记忆零散信息的倾向？“碎片化”这个词似乎有种不自信的感觉，但是为什么人们的知识会变得“碎片化”呢？

从学习的角度来看，当一个人的知识很浅薄时，就会出现这样的情况。例如一个人可能知道光会被一些物体反射，而不会被另一些物体反射。如果问这个人，他在平面镜或曲面镜里的像会是什么样子，这个人可能就不知道了，甚至所持的观点都是关于光反射原理的错误概念。那么该如何避免机械记忆，实现对知识的深度理解呢？

在科学学习领域，几十年来，探究一直是首选的教学方法，在《美国国家科学教育标准》（NRC 1996）、《科学探究与美国国家科学教育标准》（*Inquiry and the National Science Education Standards*; NRC 2000）这两个文件中，探究都被置于重要的位置。

“科学探究是指科学家研究自然界，并基于研究中发现的证据提出种种解释的多种方式。探究还指学生用以获取知识、理解科学概念、领悟科学家研究自然界的方法而进行的各种活动。（NRC 1996，p. 23）”

经过几十年的研究，教育工作者认识到了探究的力量。通过探究，学生能够围绕着一个现象开展互动。他们观察现象，与同伴讨论这些概念，这使得他们有机会从多个角度体验和解释这一现象。目前，最受欢迎的科学教学方法之一是 1987 年美国 BSCS 开发的 5E 教学模式（Bybee et al. 2006，Bybee 2015）。

研究证实了科学教育工作者多年来公认的观念——符合学生学习规律的、基于研究的教学模式至关重要，这一点不足为奇。并且，这种教学模式必须持续使用，才能获得预期的结果（Bransford，Brown，and Cocking 2000）。

三十多年来，5E 教学模式被广泛应用于新课程材料的开发及教师专业发展中（Bybee et al. 2006，Bybee 2015）。该模式通常被称为 BSCS 5E 教学模式（图 5.1）

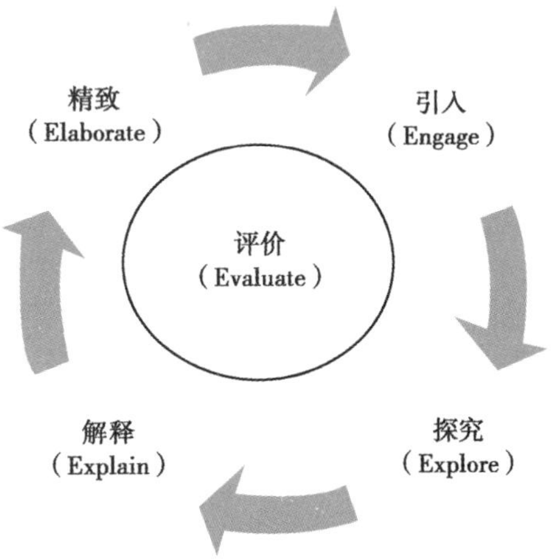

图 5.1　BSCS 开发的 5E 教学模式

来源：Bybee et al.（2006）

或 5E，它由五个阶段组成。

5E 教学模式的每个阶段都有特定的目标，所有目标都是为了帮助学生转变错误概念。课例中提到的错误概念改编自美国科学促进会(AAAS Project 2061 n.d.)。表 5.1 中列出的各个阶段旨在为学习者提供更好地理解科学技术知识、态度和技能的机会。教师可以使用该模式对课程、单元和每节课的教学进行组织、安排。

表 5.1　BSCS 5E 教学模式概要

阶段	概要
引入	通过暴露学生的先验知识来吸引他们的注意力，进而使用激发好奇心和激活先验知识的小活动来帮助他们接触新概念。活动应将学生过去和现在的学习经历联系起来，暴露学生的前概念（其中有些可能是错误概念），并组织学生朝着当前的学习结果进行思考。这种经历必须在有意义的情境中进行，而且应该使学生产生疑问，进而创造教学的时机。
探究	探究的经历为学生提供了共同的活动基础，在活动中教师能确定学生当前掌握的概念（可能是错误概念）、过程和技能，并且能够促进概念转变。学生可以通过完成实验活动，在已有知识基础上产生新的想法，探究问题和答案的可能性，设计并进行初步研究。在这个阶段，学生通过试图回答他们在引入阶段产生的问题来“解决心理失衡”。
解释	将学生的注意力聚焦在引入和探究阶段经历过的特定方面，并给学生提供展示概念理解、过程技能或行为的机会。这一阶段也为教师提供了直接介绍概念、过程或技能的机会。学生解释他们对概念的理解。教师或教材上的解释，可以引导学生更深入地理解概念，这是本阶段的关键。这一阶段最重要的是要让学生用自己的话解释概念，教师可以在合适的时机加以指导。
精致	教师挑战并拓展学生的概念理解和技能。通过相关但全新的经历，学生将更加深入、广泛地理解概念，获取更多的信息，更加充分地发展技能。学生通过开展与解释阶段相关联的拓展活动，实现对概念的应用。
评价	鼓励学生评估自己的概念理解和能力，为教师提供机会评价学生对教育目标的达成情况。

来源：BSCS（Bybee 2015）

鉴于我们所了解的课堂教学和以研究为基础的 5E 教学模式的有效性，我们认为该模式应该适用于所有包括科学概念学习的教学。这一观点也适用于 STEM 课程中的工程项目。接下来的问题是：如何将用于转变错误概念的 5E 教学模式融合并引入到广受欢迎的 STEM 工程过程中？如何将 StEMT 与 5E 融合呢？

虽然在将 StEMT 嵌入到 5E 之前需要做一些准备，但是基本的前提是工程应被置于 5E 教学模式的精致阶段。工程不是一个独立的实体，它的存在是为了支持科学的学习，而不仅仅是科学学习的拓展。图 5.2 说明了 5E 教学模式和 StEMT 概念框架的教学建议。

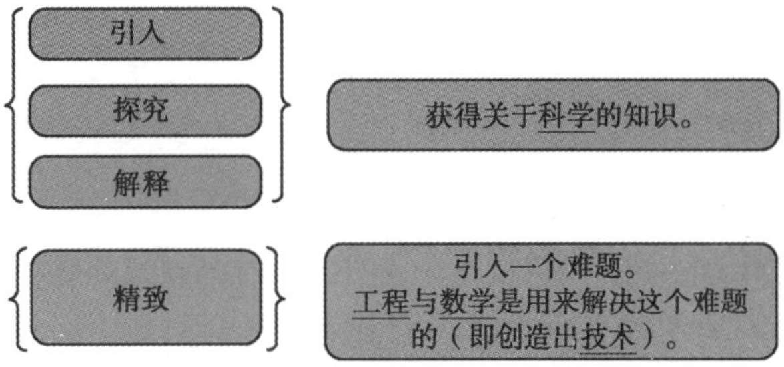

图 5.2　StEMT 概念框架与 5E 教学模式

这只是通过 StEMT 过程整合 STEM 活动的一个指导原则。每一节科学课并不需要整合 STEM 的所有方面。有时候，可以用一个导入性的工程活动来吸引学生并激活他们的先验知识。一节课的指导问题可以是基于主要问题的，也可以在精致阶段的一开始作为次要问题提出。没有一种固定的使用 StEMT 的方法。实施 StEMT 的关键在于确保课堂是由问题驱动的。

探究

《科学探究与美国国家科学教育标准》（NRC 2000）是为教师、专业开发人员、管理人员和其他希望在科学课堂上加强探究的人编写的实用指南。通过实例和讨论，这本书向教育工作者展示了学生和教师如何利用探究来学习开展科学研究的方法，领悟科学的本质，理解科学的内容。虽然 STEM 与科学课程的整合并不是这本书的主题，但是讨论探究的本质特征和可能的变化形式，是全面理解探究的基础。

通过探究学科学的学生与寻求拓宽人类对自然界的认知的科学家，他们所从事的许多活动和进行的思维过程有着本质上的相似之处（NRC 1996）。在《科学探究与美国国家科学教育标准》（NRC 2000，p. 19）中，明确了 5—8 年级学生进行科学探究所必需的基本能力：

- 明确可以通过科学探究来解答的问题；
- 设计并开展科学探究；
- 使用适当的工具和技术来收集、分析和解释数据；
- 使用证据进行描述、构建解释、给出预测、建立模型；
- 通过批判性思考和逻辑性思考，建立证据与解释之间的关系；
- 识别并分析多种解释和预测；
- 对科学的流程和解释进行交流；
- 在科学探究的方方面面使用数学。

这些基本的探究能力可以在《州共同核心数学标准》和《K—12 科学教育框架》（NRC 2012）中的科学与工程实践部分找到。然而，在《科学探究与美国国家科学教育标准》第二章中，“什么是探究性教学？什么时候进行探究性教学？怎样进行探究性教学？”这些问题一直引人深思。

> “在课堂上，一个足以推动学生进行探究的有力且有效的问题，可以让学生产生一种‘有必要了解’的心理，进而激发学生提出更多关于现象‘如何’发生以及‘为什么’发生的问题。有效的探究始于对学生而言有意义且相关的问题，学生用来回答问题的知识和程序必须易于理解和掌握，并契合学生的认识发展水平（NRC 2000，pp. 24–25）。”

首先，正如你所想，你可以从设计一堂好的科学课开始。你需要选定一些问题，学生可以通过在原有科学课上获得的深入理解的科学知识来解决这些问题。接下来的步骤需要一些创造力。你需要决定学生在科学课堂上能够做的活动内容，活动需要为学生使用新获得的科学知识解决问题提供机会。一旦决定了课程和想让学生做的工程设计，你就需要构建用来驱动课程的指导问题。大多数课程已经有指导问题作为课程的框架。这些问题对于将你的课程 StEMT 化来说可能已经足够了，也可能还不够充分。我们发现，在绝大多数情况下这些指导问题是不充分的。这并不是对原有课程的批评。记住，我们现在正在把课程从探究（对现象的学习）拓展到使用从探究中获得的知识来解决问题。

探究与分层教学

就其本质而言，探究是基于问题的学习。因此，探究和 StEMT 过程需要考虑到学生在使用一系列资源方面不同的学习优势，可为学生提供在教师的指导下做出不同选择的机会。小组合作还有助于根据学习者的兴趣、能力水平和分配的角色进行分层（Tomlinson 1999，2001）。5E 教学模式、探究和 StEMT 过程都涉及分层；教师可以关注学生对学科核心概念基本的理解，以及在复杂性、抽象性和开放性上具有不同层次的技能（Tomlinson 1999）。相较于纸笔测试，许多学生在作品中更能表现出他们了解了什么，高质量的任务（由 StEMT 过程产生的作品）是评估学生知识、理解和技能非常不错的方法（Tomlinson 2001）。

> “一个好的作品并不仅仅是为了让学生在单元结束时感受到乐趣而存在的。它必须促使学生思考、对所学知识加以应用，甚至对它所代表的学习领域中的所有核心知识（学科核心概念）和技能（实践）进行拓展。因为作品任务应该拓展学生对知识和技能的应用，反映对质量的追求，所以在学生完成作品任务的过程中教师需要找出方法帮助学生达到新的高度。这种脚手架不应给学生带来迷茫和困惑，而是应让学生在付出努力之后获得成功。（Tomlinson 2001，pp. 85-86）”

教师可以根据学生的准备情况、兴趣和学习风格来给作品任务分层，但是作品任务的结构要在能关注和指导学生的同时，在创新和创造力上给学生留有自由的空间（Tomlinson 1991，2001）。教师要了解学生和他们不同的需求，虽然大多数单元平均下来是五节 45 分钟的课，但如有必要可以多给学生一些时间。如有需要，可为学生提供终结性写作活动的模板。不过，学生在得到模板之前应该先自己尝试写一写。

如果我们想让学生成为问题解决者，就必须给他们提供解决问题的机会（NRC 2012）。那么，我们如何将引导问题从一个探究性问题转变为一个描述难题的问题呢？一旦你知道了要完成的工程项目的类型，就只需要逆向思考来构建适当的问题了。例如下面这节课原本是为了帮助三年级学生理解相变和物态的。我们选择的工程项目是水的净化。表 5.2 展示了一个简短的、StEMT 化的 5E 课例。

表 5.2　StEMT 化的 5E 课例

引导问题（最初的科学问题）： 热量是如何影响水的状态的？ **StEMT 化问题：** 如何利用相变和物态的知识来为第三世界国家的人们提供清洁的饮用水？
引入
让学生列出他们能找到水的地方。此时不要纠正错误概念。大声朗读一篇关于第三世界国家水污染问题的短文。
探究
1. 给每个学生一个装有一块冰块的杯子，让他们把冰块放在舌头上，但不要咀嚼。让学生记录观察结果。 2. 给每个学生一个装有一块冰块的袋子，让他们在不把冰块拿出来的情况下把冰块融化。让学生记录观察结果。 3. 把一块冰块放在热盘子上，让学生记录观察结果。
解释
让学生在平地上站得尽可能近，同时用粉笔在他们周围画一个圆圈，学生在不能走出圆圈的情况下移动，以此来模拟固体。在第一个圆圈外面再画一个圆圈。在第二个圆圈内，学生互相远离，彼此之间至少有一臂的距离，让他们不能再互相接触，以此来模拟液体。最后，给学生一个更大的空间，让他们进一步分散到这个空间内的整个区域，并在其中移动，以此来模拟气体。
精致（这是 StEMT 化的主要环节）
本课最初的活动： 让学生探究冰块在室温下、阳光下、冰桶或冰箱中融化需要多长时间。鼓励学生提出其他的想法，并在时间允许的情况下进行探究。 **StEMT 化的引导问题：** 如何利用相变和物态的知识来为第三世界国家的人们提供清洁的饮用水？ **工程设计挑战：** 目标是让学生利用水的物态变化的知识，建立一个高效的净水系统工作模型。给学生提供一套材料。热量的来源是太阳，在较冷的天气或阴天，可以用加热灯来代替。如何将液态水转化为水蒸气，由学生自行设计。然后，他们需要收集水蒸气，并使之凝结，以收集净化后的水。拓展问题可以是：你设计的系统是最有效的吗？让学生演示该设计是如何有效地净化水的。可以让学生对设计的系统进行改进，使其更加高效。
评价
在整个课程和工程设计挑战中持续地进行形成性评价。 **终结性评价：请写下来！** **主张、证据、推理 (CER)：** 设计是否有效（水被净化了吗）？你们收集了什么证据可以证明净水系统的设计是有效的？这种设计怎样帮助那些缺乏清洁的饮用水的国家？

来源：经美国生物学课程研究所授权后改编（BSCS，2015）

你可能已经注意到这节课没有涉及技术。当然，添加技术元素也很简单，可以使用传感器或笔记本电脑来收集和记录数据。添加技术元素是个不错的选择，每节课都可以加以考虑，但这并不是关键，因为解决问题的方法才是我们倡导的“技术”。这是要创造的技术，而不仅仅是使用的技术。正是如此，我们才能把学生从知识收集者变成问题解决者。

从前面的案例中可以看到，对一个课例进行 StEMT 化非常简单。它可以是简单地改变或添加一个问题，并在 5E 教学模式的精致阶段插入一个工程设计挑战。再次申明，我们坚信添加工程挑战是为了支持科学概念的学习。工程不是也不应该因为任何其他原因而被放在科学课上。

参考文献

AAAS Project 2061. n.d. Pilot and field test data collected between 2006 and 2010. Unpublished raw data.

Biological Sciences Curriculum Study (BSCS). 2015. BSCS 5E Instructional Model.

Bodner, G. M. 1986. Constructivism: A theory of knowledge. *Journal of Chemical Education* 63 (10): 873–878.

Bransford, J., A. Brown, and R. Cocking, eds. 2000. *How people learn: Brain, mind, experience, and school.* Washington, DC: National Academies Press.

Bybee, R. 1993a. An instructional model for science education. In *Developing biological literacy.* Colorado Springs, CO: Biological Sciences Curriculum Study.

Bybee, R. W. 1993b. *Reforming science education: Social perspectives and personal reflections.* New York: Teachers College Press.

Bybee, R. W. 2015. *The BSCS 5E Instructional Model: Creating teachable moments.* Arlington, VA: NSTA Press.

Bybee, R. W., J. A. Taylor, A. Gardner, P. VanScotter, J. Carlson Powell, A. Westbrook, and N. Landes. 2006. *The BSCS 5E Instructional Model: Origins and effectiveness.* Colorado Springs, CO: Biological Sciences Curriculum Study.

National Research Council (NRC). 1996. *National science education standards.* Washington, DC: National Academies Press.

National Research Council (NRC). 2000. *Inquiry and the national science education standards: A guide for teaching and learning.* Washington, DC: National Academies Press.

National Research Council (NRC). 2012. *A framework for K–12 science education: Practices, crosscutting concepts, and core ideas.* Washington, DC: National Academies Press.

Tomlinson, C. A. 1999. *The differentiated classroom: Responding to the needs of all learners.* Alexandria, VA: ASCD.

Tomlinson, C. A. 2001. *How to differentiate instruction in mixed ability classrooms.* 2nd ed. Alexandria, VA: ASCD.

第六章 与《K—12科学教育框架》的关联

2012年出版的《K—12科学教育框架》（NRC 2012）概述了科学教育的三个维度，展示了如何获得和理解科学知识，以及如何通过具有跨学科普遍意义的概念将科学的不同领域联系在一起。这三个维度是：科学与工程实践；跨学科概念，通过跨学科的普遍应用统一科学学习和工程学习；四个学科领域的核心概念，这四个领域是物质科学、生命科学、地球与空间科学，以及工程、技术和科学应用。

为了支持学生在科学和工程领域中的有意义学习，这三个维度都需要整合到课程标准、课程、教学和评价中。工程和技术之所以与自然科学（地球与空间科学、生命科学、物质科学）并驾齐驱，主要有两个原因：一是这样做反映了理解人造世界的重要性，二是可以认识到更好地整合科学、工程和技术的教学的价值（NRC 2012）。

《K—12科学教育框架》中所明确的科学与工程实践包括科学家在研究世界、构建关于世界的模型和理论时实施的主要实践活动，以及工程师在设计和构建系统时实施的主要实践活动。这些实践明确了科学探究的含义，以及它对认知、社会和身体层次的要求（NRC 2012）。所有基于探究的科学教学方法，都期望学生能够参与科学实践。没有直接经历过科学实践，学生就无法理解它。

《K—12科学教育框架》中的第一个维度是科学与工程实践（SEP），包括以下八个方面：

1. 提出（科学）问题并明确（工程）难题；

2. 构建并使用模型；
3. 设计并实施探究；
4. 分析并解释数据；
5. 使用数学、信息技术和计算机技术，以及计算思维；
6. 构建（科学）解释并设计（工程）解决方案；
7. 参与基于证据的论证；
8. 获取、评价并交流信息。

《州共同核心数学标准》（NGAC and CCSSO 2010）中，数学实践（缩写为 MP）的标准如下：

1. 理解问题并持之以恒地解决问题；
2. 进行抽象的、量化的推理；
3. 构建可行的论证并评判他人的推理；
4. 使用数学进行建模；
5. 策略性地使用恰当的工具；
6. 关注精确性；
7. 寻找并理解结构；
8. 在反复的推理中寻找并表达规律。

无论是科学与工程实践，还是数学实践，它们都是解决问题、基于推理和证据、表达交流、建模和进行知识应用的过程。

评价 5E 探究和 StEMT 的实施

《州共同核心数学标准》是学习和应用数学的不可或缺的组成部分，这一部分的教学与数学内容的教学具有同样的目的，也需要给予同样的关注。《K—12 科学教育框架》（NRC 2012）中确定的科学与工程实践（维度 1：实践）源自科学家和工程师工作中实际参与的那些实践。数学、科学和工程的实践并不是作为独立的课程来教授的。实践是所有内容领域学习和探究不可分割的一部分，与内容标准具有相同的意图，需要给予同样的关注。让学生沉浸在这些实践中并探索为何这些实践能够成为数学、科学和工程的核心，这对于他们充分理解这些领域中专家的技能和这些事业的本质至关重要。梅斯和科巴拉（Mayes and Koballa 2012）阐述了一种将数学实践、科学与工程实践关联起来的方式（表 6.1）。

表 6.1　科学与工程实践和数学实践的一致性

科学与工程实践（《K—12 科学教育框架》，维度 1）	数学实践（《州共同核心数学标准》）
1. 提出（科学）问题并明确（工程）难题 3. 设计并实施探究	1. 理解问题并持之以恒地解决问题
2. 构建并使用模型 3. 设计并实施探究 5. 使用数学、信息技术和计算机技术，以及计算思维	2. 进行抽象的、量化的推理
5. 使用数学、信息技术和计算机技术，以及计算思维 6. 构建（科学）解释并设计（工程）解决方案 7. 参与基于证据的论证 8. 获取、评价并交流信息	3. 构建可行的论证并评判他人的推理
2. 构建并使用模型 3. 设计并实施探究	4. 使用数学进行建模
2. 构建并使用模型 3. 设计并实施探究 4. 分析并解释数据	5. 策略性地使用恰当的工具
3. 设计并实施探究 8. 获取、评价并交流信息	6. 关注精确性
4. 分析并解释数据 6. 构建（科学）解释并设计（工程）解决方案 7. 参与基于证据的论证	7. 寻找并理解结构
5. 使用数学、信息技术和计算机技术，以及计算思维 6. 构建（科学）解释并设计（工程）解决方案	8. 在反复的推理中寻找并表达规律

来源：改编自梅斯和科巴拉（Mayes and Koballa 2012）

美国全国各地的学区使用教学人员评价系统，该系统针对教师和学生在特定领域的行为。本书在讨论教师行为评价时，将参考“教师评价模型”（Marzano 2007）和“教学框架”（Danielson 2013）来评价教师的行为是否能有效促进教学的传递与提升，特别是“教师评价模型”中的领域 1——课堂策略和行为（Marzano 2007）和“教学框架”中的领域 3——让学生参与学习（Danielson 2013）。当然，管理者对课堂进行督察的过程以及他们应该在 StEMT 化的 5E 教学模式中“寻找”的内容，其实适用于任何评价模型。我们要寻找的反映良好的思维习惯，并支持 5E 教学模式和 StEMT 实施的学生行为（表 6.2）和教师行为（表 6.3），都改编自《K—12 科学教育框架》中的科学与工程实践和《州共同核心数学标准》。

表 6.2　融合科学、工程和数学实践的学生行为

学生应该
• 提出问题，明确难题，并预测解决方案 / 结果（SEP1；MP1）。 • 设计、计划、开展探究以收集和整理数据（例如科学笔记本）（SEP3；MP1）。 • 构建和使用模型（SEP2；MP4）。 • 通过构建解释、设计解决方案来获取、评价和交流信息（SEP8；MP3）。 • 积极参与，并以小组合作的方式完成探究，测试问题的解决方案，并得出结论。运用理性和逻辑思维过程，使用有效的沟通技巧（听、说、写；SEP7，SEP8；MP3）。 • 分析并解释数据，得出结论，并将结论应用于新的情境中（SEP4；MP5）。 • 以创造性、逻辑性的方式使用数学、信息技术、计算机技术和计算思维（SEP5；MP2）。 • 在探究科学概念后掌握并应用科学词汇（SEP6；MP7）。

表 6.3　与马尔扎诺（Marzano 2007）和丹尼尔森（Danielson 2013）的教师评价模型相关的教师行为

教师应该
• 将主题和其在现实生活中的应用整合起来，以举例说明各学科如何在实际实践中共存（将主题与其他学科以及生活经验联系起来并加以整合）。 • 将所有学生的实验设计过程和工程设计过程整合起来（让学生参与学习）。 • 使用适当的教学法或教学材料开设基于课程标准的课程。 • 在学生有机会探究科学概念之后引入科学词汇（整合内容领域的读写策略和主题的应用）。 • 提出引导问题，以激发讨论，并促进学生主动参与到探究、科学过程和问题解决中来（使用提问和讨论技巧）。 • 促进学生提出问题，测试解决方案。鼓励合作，让所有小组成员都积极参与（与学生交流，使用高阶的提问技巧）。 • 在教室里走动，引导合作学习的小组制订解决方案，使用操作方法或技术（建立学习、相互尊重和融洽的氛围）。 • 使用形成性评价和终结性评价，评价的重点放在问题解决和深入理解上，而不是事实记忆上。

图 6.1 展示了《州共同核心数学标准》的数学实践、《英语语言艺术能力发展框架》中的实践（缩写为 EP）和《K—12 科学教育框架》中的科学与工程实践之间的关系和交集（共同点）。

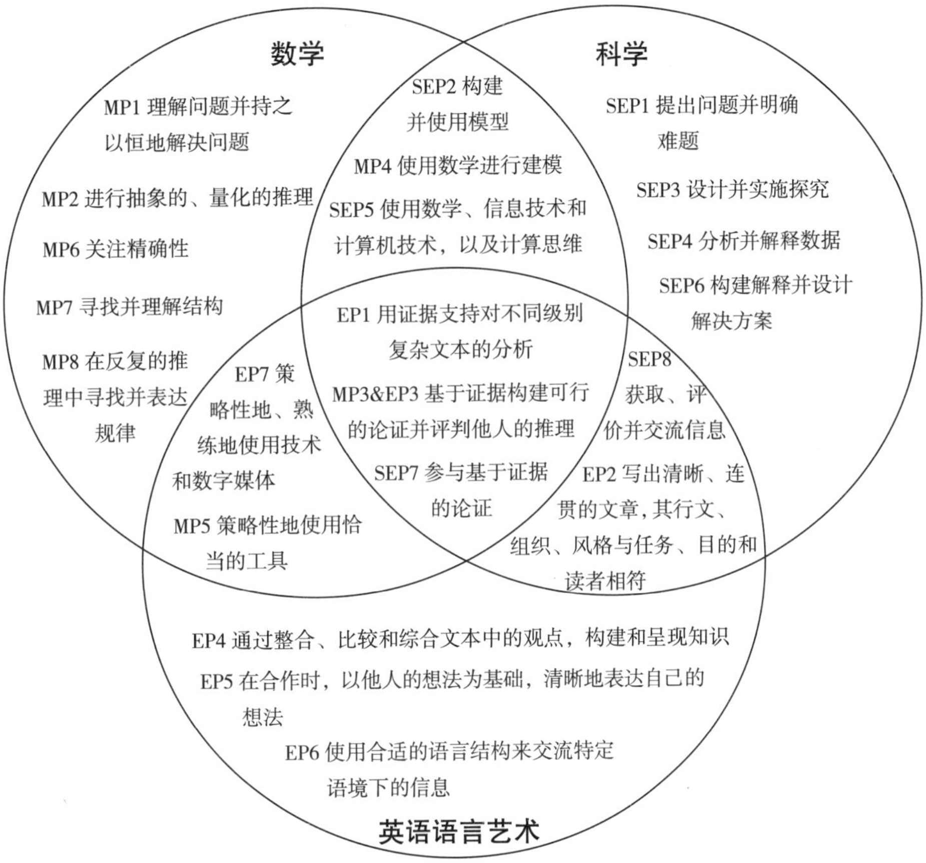

图 6.1　科学、数学与英语语言艺术实践的共同点

来源：经卓（Cheuk 2013）授权后改编

请注意，三者交汇的中心是需要使用证据经过推理给出结论：

- EP1 用证据支持对不同级别复杂文本的分析；
- MP3 构建可行的论证并评判他人的推理；
- EP3 针对受众、任务、目的和学科的不同需求给出回应；
- SEP7 参与基于证据的论证。

科学与工程实践、跨学科概念和学科核心概念（NRC 2012）适用于科学和数学的所有领域：

维度 1：科学与工程实践（表 6.1 和图 6.1）

维度 2：跨学科概念

- 模式；
- 因果关系：机制和解释；
- 尺度、比例和数量；
- 系统和系统模型；
- 能量和物质：流动、循环和守恒；
- 结构和功能；
- 稳定和变化。

维度 3：学科核心概念

STEM 教育应该关注有限数量的学科核心概念和跨学科概念，对其进行设计以使学生在多年中不断建立、修正他们的知识和能力，并使用科学研究和工程设计中的实践支持学生知识和能力的整合（NRC 2012）。《K—12 科学教育框架》中将学科核心概念定义如下：

- 在科学或工程的多个学科中具有广泛的重要性，或者是单一学科中关键的组织性概念；
- 为理解或探究更复杂的概念和解决问题提供关键的工具；
- 与学生的兴趣和生活经历有关，或与需要用科学技术知识解决的社会问题、个人问题有关；
- 具有可教性和可学性，可以在多个年级进行教学，且深度和复杂程度不断提高。也就是说，低年级的学生虽然也会接触核心概念，但这些概念足够宽泛，能让学生在日后做进一步的探究。

整合应该是有目的的，表征方式及材料的衔接应该是无缝的。这些持续多天的学习单元还必须为学生构建学科及跨学科的知识和技能提供明确的支持。所有 StEMT 课程都与《K—12 科学教育框架》中的实践、学科核心概念和跨学科概念相关联。

如果学生对特定学科的相关概念了解甚少或根本不了解，也没有在整合情境中应用学科知识的经历，那么将不同学科的概念联系起来是很有挑战性的。教师需要帮助学生在工程或技术设计情境中引出相关的科学或数学概念，将这些概念有效地关联起来，并以能反映规范的科学概念和实践的方式重新组织自己头脑中的概念（NRC 2012）。

接下来的三章包含了一些经过 StEMT 化的课例。这些课例中的基础活动并不是独一无二的。多年来，各地的教师使用了其中的多数活动。在适当的情况下，课例参考了免费的开放教育资源。需要重点关注的是将工程设计嵌入到传统课程中的过程。根据对 STEM 的一些定义，这些课例最初（未经 StEMT 化）可以被视为 STEM 课程，但是如果没有嵌入工程设计的内容，它们可能缺乏一种方式去激发学生对真实世界的讨论，并将学生所学跟工程设计关联起来。学生在这一方面的理解对于重要概念的长期记忆至关重要。

在开始使用后面我们亲身实践过的课程之前，我们需要给你提个醒。你需要自己回答这个问题：你的学生真的理解工程设计过程吗？如果这个问题的答案是否定的，或者只是可能，我们建议你先带学生一起回顾工程设计过程。好消息是学生很快就能理解这个过程。

每节课的 StEMT 化部分可以遵循 Teach Engineering 网给出的格式：

• 步骤 1：提问——提出（科学）问题并明确（工程）难题的实践

学生将提出问题，明确难题，并预测解决方案 / 结果（SEP1；MP1）。要解决的难题是什么？需要设计什么？是为谁设计的？项目的要求是什么？有哪些限制条件？目标是什么？

• 步骤 2：研究与设计——设计并实施探究的实践

学生将积极参与，并以小组合作的方式完成探究，测试问题的解决方案，并得出结论。运用理性和逻辑思维过程，使用有效的沟通技巧（听、说、写；SEP7，SEP8；MP3）。学生通过合作的方式集思广益，提出尽可能多的解决方案。

• 步骤 3：计划——构建解释并设计解决方案的实践

学生将设计、计划、开展探究以收集和整理数据（SEP3；MP1）。学生将比较各种好的想法，选择一个解决方案，并制订计划实施这一解决方案。

• 步骤 4：创建——构建并使用模型的实践

学生将通过构建解释、设计解决方案来获取、评价和交流信息（SEP8；

MP3）。学生将构建和使用模型（SEP2；MP4）。学生将构建一个原型。

- 步骤 5：测试与改进——获取、评价并交流信息的实践

学生将分析并解释数据，得出结论，并将结论应用于新的情境中（SEP4；MP5）。原型是否有效？是否满足了需求？学生交流结果并获得反馈，然后分析并讨论哪里有效、哪里无效，以及哪里尚待改进。

我们发现，阐明工程过程最简单的方法之一，就是将我们大多数人都熟悉的纸飞机挑战稍加改动。我们从帮助学生做纸飞机开始，在教室内预先划定测试区域。学生在这个区域验证他们的飞机是否能飞。现在是提出挑战的时候了，给学生指定纸飞机的起飞点及着陆区。接下来，指定飞机在降落到预定区域之前必须经过的路径。大多数情况下，我们会保持这个难度，让学生通过修改飞机设计，以便飞机能够飞出一个平缓的曲线。学生很快就会发现他们的第一次尝试没有成功。接着，他们将利用所学到的知识对原来的设计进行修改，以获得合适的结果。虽然这个任务看起来简单，但它确实可以帮助学生理解什么是工程设计，以便在接下来的课程中取得成功。而且，我们明白了不要轻易去猜测学生知道些什么。

每节课开始前都会有一个教学概要，用以说明我们对每节课教学目标的看法，并提供一些让课程能够成功实施的有用的技巧。一般而言，我们的课程只是作为示例，告诉你如何通过添加工程设计挑战来将现有的课程转化为 STEM 课程。尽管我们的课程与《K—12 科学教育框架》（NRC 2012）保持一致，但是这种方法适用于任何一种标准。一个课例通常只针对某个大概念的一部分进行教学。具体的目标将在教学概要中进行介绍。

我们提供的所有课例都经过一线教师或教学督导的试用。从学生的学习情况特别是参与度来看，反馈是非常积极的，这对我们来说是很好的消息。在大多数情况下，这些课例都是在我们学区最具挑战性的学校进行试用的（这些学校 70% 以上的学生享受午餐费减免）。如前所述，我们认为所有学生都必须体验 STEM 课程，或许这些生活在非常贫困的地区的学生是最应该高度参与到科学课程中的群体。

我们希望你在实施这些课程时能够像我们设计课程时一样感受到其中的乐趣。

参考文献

Cheuk, T. 2013. Relationships and convergences among the mathematics, science, and ELA practices. Refined version of diagram created by the Understanding Language Initiative for ELP Standards. Palo Alto, CA: Stanford University.

Danielson, C. 2013. *The framework for teaching: Evaluation instrument.* Princeton, NJ: The Danielson Group.

Marzano, R. J. 2007. *The art and science of teaching.* Alexandria, VA: ASCD.

Mayes, R., and T. R. Koballa, Jr. 2012. Exploring the science framework: Making connections in math with the Common Core State Standards. *Science and Children* 50 (4): 15–22.

National Governors Association Center for Best Practices and Council of Chief State School Officers (NGAC and CCSSO). 2010. *Common core state standards.* Washington, DC: NGAC and CCSSO.

National Research Council (NRC). 2012. *A framework for K–12 science education: Practices, crosscutting concepts, and core ideas.* Washington, DC: National Academies Press.

Teach Engineering. 2015. Engineering design process.

第七章 地球与空间科学 StEMT 课例

我喜欢课程中增加的（工程设计）挑战。虽然学生需要花费时间才能成功，但是这简直太酷啦！

——凯莉（Kelly）于希普湖小学（Lake Shipp Elementary）

飞向太空，浩瀚无垠

地球与空间科学　地球在宇宙中的位置——地球与太阳系（ESS1.B）

教学概要：

对学生而言，很少有话题像太阳、地球和月球之间的关系那样难以理解。再加上还要教授一年中星座的变化，教师会忙得不可开交。正是出于这个原因，我们选择将工程设计挑战纳入观察月相和星座的季节性差异的课程中。关于这个概念的内容都不简单。对于学习者来说，学习这个概念需要多视角，而多视角在学习其他概念时几乎不需要。因此，我们认为在开始本课程之前要考虑的最重要的事情是本课程需要较长的时间。

月相知识是美国大多数州科学课程标准中的内容。常见的活动有：让学生观察夜空，绕着放在教室中央的一盏灯走，或者像我们这节课一样小组合作完成一个图表。这些活动都是有价值的，并且学生可能需要完成所有的活动才能实现对知识的深入理解。在本课的探究环节，我们以基础的小组探究活动为起点。学生在接受工程挑战之前可能需要更多类型的经验，这取决于他们已有的经验和所在年级。假设你的学生已经完成了上面列出的那些常见的有关月相的活动。那么，下面是在学生尝试这项挑战时我们所注意到的事情。

我们上这堂课的经验大多来自两组不同的参与者。在教师专业发展活动中，我们和教学督导、教师一起使用这项挑战，以帮助他们理解我们所认为的工程设计挑战的目的。参加这项挑战的两组学生家庭条件往往比较困难，他们所在的学校几乎 100% 提供免费或减价的午餐。观察这两组学生的有趣之处在于，他们都沿着相同的路径寻找解决方案，而且完成这些步骤所花费的时间也大致相同。这可能是这项工程挑战给我们带来的重要经验之一：不管经验和年龄如何，完成这一工程设计挑战都需要花一些时间，而且学生（或教师）可能至少需要 60—90 分钟来研究证据。

在挑战的前 30 分钟，各个小组阅读并整理提供的数据。一旦整理好数据后，一些小组就开始用图样或其他物品来构建物理模型。如果看到尚未开始创建模型的小组，教师应该予以鼓励，可以是简单地问他们几个问题，也可以让他们向你展示一下进度。这时，教师需要留意学生的情况，并督促他们回忆在之前的课程中学习过的相关内容。如果学生有科学笔记本的话，鼓励他们拿出来参考一下。

学生一旦开始构建模型，就会开始迅速向解决方案迈进。无论关于星座的内容是否被包含在各个州的课程标准中，它都很重要，因为星座可以为其他运动的基准参照方位。在构建初始模型时，星座会帮助学生规划正确的行星布局。我们希望教师在必要时搭建脚手架，但我们知道五年级学生能够顺利地完成这节课的学习。我们也看到过五年级的天才学生用数学模型来解决这个问题。无论是使用实物模型还是数学模型，都是建模帮助学生找到解决方案，教师在课程总结中应该强调这一点。

考虑到教师在一个学年内要教授所有基础教学内容而面临的时间限制，教师可能需要在所有小组都得出正确答案之前结束本课。我们并不认为过早得出结论有什么问题，因为我们的目标是让学生更好地理解宇宙中的地球这一概念，而不是寻找解决方案。

五年级结束时，学生应该知道：

地球绕太阳的公转、月球绕地球的公转，以及地球绕南北极极点间自转轴的自转产生了一些可观测到的模式，包括：昼夜的交替；影子长度、方向的日变化和季节变化；月相；在一天、一个月和一年中的不同时间，太阳、月球和星星的不同位置（NRC 2012，p.176）。

框架问题： 地球在太阳系中的运动会产生什么样的可预测模式？

StEMT 化问题： 在 M 行星上需要等多少天才是 M 行星与 J 行星距离最近的日子，从而可以发射求救信息？

维度 1： 实践（学生应该做什么？）

- 构建并使用模型（地球—月球—太阳系统模型，分析它们之间的关系以得出结论）
- 分析并解释数据（探究并解释探究结果）
- 参与基于证据的论证（主张、证据和推理）
- 获取、评价并交流信息（比较地球—月球—太阳系统模式中的异同）

维度 2： 跨学科概念

- 模式

  观察到的形式和事件的模式可以指导组织和分类，并促使提出关于事物间关系及其影响因素的问题。模式的例子有：昼夜的交替；影子长度、方向的日变化和季节变化；月相；在一天、一个月和一年中的不同时间，太阳、月球和星星的不同位置。
- 系统和系统模型

  对所研究的系统进行定义——明确其边界并建立清晰的系统模型，这为理解和检测适用于科学和工程的想法提供了工具。

维度 3:　**学科核心概念**

地球、月球、太阳和其他行星具有可预测的运动模式。这些模式可以通过引力和守恒定律来解释，反过来这些模式又可以用来解释地球上观测到的许多大尺度现象（NRC 2012，p. 175）。月球和太阳相对于地球的位置会导致月食和日食的发生。月球每月的绕地轨道，太阳、月球和观察者的相对位置以及月球通过反射太阳光发光的事实可以解释月相（NRC 2012，p. 175）。

教学时长：　3—4 课时（45 分钟 / 课时）

材料：

月相模板（见附录 B）、灯或手电筒（每组一个）、乒乓球（模拟地球和月球，每组一个）、星座图、太阳系模板、护目镜

安全须知：

1. 在组装、操作和拆卸环节，应佩戴个人防护装备（护目镜）。
2. 如果使用灯，一定要小心。变热的灯泡会灼伤皮肤。
3. 使用灯和电线时请小心，要远离水源以及防触电。

引导问题：　为什么我们看到的月亮会改变形状？为什么我们只能在一年中的某些时间看到某些星座？

错误概念：

- 只能在夜晚看到月亮。
- 月亮在太阳落山的时候升起。

- 所有行星绕太阳公转的时间都是相同的。
- 所有行星上一天的时长都是相同的。
- 银河系在我们的太阳系内。

引入
• 你会如何吸引学生的兴趣并揭示其错误概念？ • 在引入环节后，学生应该问自己什么样的问题？

让学生以小组为单位，讨论下列问题（不要确认答案，继续探查学生的解释）：

- 你能在夜晚看到月亮吗？如果能看到，请描述月亮的样子。
- 你每晚都能看到月亮吗？为什么能或为什么不能？
- 你能在白天看到月亮吗？为什么能或为什么不能？
- 你每晚都能看到同样的星星吗？为什么能或为什么不能？

探究
• 描述让学生体验该现象的动手活动。 • 列出与“大概念”相关的概念性问题，用这些问题来激发、聚焦学生的探究，并让学生验证其想法。

先验知识：

星座是一群恒星的组合。因为这些恒星离我们的太阳系很远，所以看起来像小光点。

探究 1

学生应该理解地球绕轴自转所引起的昼夜交替，每 365 天地球绕太阳公转一周，而且公转轨道近圆形。

1. 打印月相模板（见附录 B），保证每个学生一张。

2. 将手电筒放置在月相模板上，用手电筒发出的光模拟太阳光。

3. 在月相模板的中心找到地球的位置，并将一个乒乓球放在上面。

4. 用手电筒照射这个模拟地球的乒乓球并判断昼夜。

5. 学生给月相模板上地球未被照亮的部分涂上阴影。

6. 学生将模拟月球的乒乓球放在地球和太阳之间的圆圈中，并给未被照亮的部分涂上阴影，标记月相。

7. 学生将模拟月球的乒乓球放在地球后面距离太阳最远的圆圈中，并给未被照亮的部分涂上阴影（模拟满月）。注意，学生可能会误以为，地球位于太阳和月球之间时，地球会一直阻挡太阳的光线而导致月食。

8. 学生完成月相模版的其余部分，并给未被照亮的月球部分涂上阴影。这里并不要求学生知道月相的所有名称。

探究 2

在房间四周放置与夜空景象相对应的星座图片（图 7.1）。

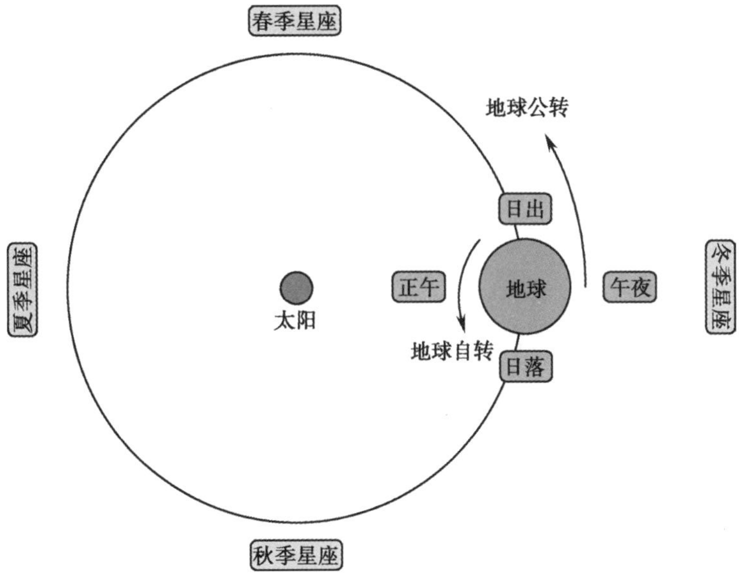

图 7.1　活动示意图

学生分组合作，并在科学笔记本中回答下列问题：

- 在午夜前后，在头顶上方你可以看到什么星座？
- 在早晨太阳刚要升起前，你可以看到什么星座？
- 在太阳刚刚落山后，你可以看到什么星座？
- 哪些星座是你在夜空中看不到的？为什么？

让学生将他们的座位旋转 90 度，并告诉学生地球现在已经绕太阳运行了四分之一圈。例如从夏天变成了秋天。问他们：

- 你能看到不同的星座吗？为什么？
- 你能看到哪些星座？不能看到哪些星座？

解释

- 在你介绍、解释术语之前，应先让学生给出他们的解释。你会用什么问题或方法来帮助学生将他们的探究过程与所考查的概念联系起来呢？
- 列出高阶思维问题，用这些问题来引发学生的解释，帮助他们构建、论证其解释。

课程进行到这一步时，学生应该做出解释，并且所有答案都应该指向引导问题：为什么我们看到的月亮会改变形状？为什么我们只能在一年中的某些时间看到某些星座？向学生提出一些诊断性问题，让他们进行小组讨论，然后通过随机点名让学生进行汇报。问题如：

- 月球是自己发光的吗？月光从哪里来？
- 月球有多大部分总是被太阳照亮？
- 当月球正好位于地球和太阳之间时，为什么地球上的人们难以看到月球？
- 当月球正好位于地球和太阳之间时，这种月亮叫什么？为什么？
- 地球上的人们什么时候会“看到”满月？
- 一个完整的月相周期需要多长时间？
- 为什么我们看到的月亮有不同的形状？

学生在科学笔记本上回答这个问题：地球、月球、太阳和其他行星具有什么样的可预测的运动模式？让学生解释为什么地球绕太阳公转会导致在一年中的不同时间看到不同的星座。

精致

- 如何让学生对概念有更深入的理解？
- 将介绍哪些词汇？这些词汇如何与学生观察到的现象联系起来？
- 如何将这些知识应用于我们的日常生活？

可以让学生在盖尔·吉本斯（Gail Gibbons）写的《月球之书》（*The Moon Book*）中了解更多关于月球的知识。学生可以通过研究来了解日食和月食的区别。让他们画出地球、太阳和月球，并解释在日食和月食期间三者是如何排列的。

StEMT 化

科学：在太空探索领域存在哪些现实问题与困难？

工程：该 STEM 课程是由工程设计过程引导的吗？

- 学生应当全身心投入到动手探究和开放式探究中。
- 学生应当参与到富有成效的团队合作中。

数学：该 STEM 课程是否严格应用了学生所学的数学和科学知识？

技术：该 STEM 课程是否允许通过原型构建、测试和设计改进得到多个正确答案？鼓励学生监控自己的学习情况并评价其进步，必要时教师可以调整课程，并思考："这样做有意义吗？"

StEMT 化问题：在 M 行星上需要等多少天才是 M 行星与 J 行星距离最近的日子，从而可以发射求救信息？

向学生提供表 7.1 中的阅读资料。资料中提供了挑战的背景，以及学生制订解决方案时所需的很多证据。让学生仔细阅读并在包含关键信息的文本处做上标记。

步骤 1：提问——提出（科学）问题并明确（工程）难题的实践

给每组学生发放一个包含证据卡的信封。证据卡已被标记为与 M 行星或 J 行星有关。学生将结合卡片上的证据制订计划，证据收集自宇宙飞船上出现故障的计算机系统。教师还可以为学生提供太阳系模型模板辅助学生思考。

表 7.1 课程 ESS1.B 精致环节所需的阅读资料

你从宇宙飞船的小窗户往外看，发现真的没什么可看的——只有一片漆黑。宇航员这个职业并不那么迷人，你已经好几个月没和别人说话了。如果能到达 J 行星就好了，那里是太阳系附近的一个科考站。科考站会定期得到补给，但这是你第一次去那里。你看了看船载计算机，上面显示距离降落到 J 行星还有 18 个多小时。 这个恒星系的运转系统与你所在的太阳系非常相似。它有一颗恒星和几颗围绕恒星运行的行星。其中几颗行星还有小卫星。从磁北极朝下观察，所有行星都以逆时针方向绕恒星运行。所有卫星也都以逆时针方向旋转。 砰！你惊讶道：“什么声音？”你看了看仪表，发现宇宙飞船船舱的气压正在下降。一定是一颗微陨星击中了宇宙飞船。当宇宙飞船行进速度非常快时，一粒沙子大小的东西就能直接击穿船体。幸运的是这艘新一代宇宙飞船的外壳可自动密封。你看到气压计稳定下来，读数开始回升。这时候，你该去检查一下宇宙飞船是否受损。你按照准备好的清单仔细检查。在检查到一半时，你发现宇宙飞船的计算机系统出现了问题。当有机会安全着陆时，你需要解决这一问题。你正向 M 行星行进，这颗行星与 J 行星位于同一恒星系中。现在在宇宙飞船受损的情况下没有办法抵达 J 行星，所以你所能做的就是尝试安全降落在 M 行星上。 你安全降落在 M 行星上了。按照地球上一天 24 小时来计算，你的食物、水和空气足以支撑 270 天。由于计算机系统受损，你丢失了有关 M 行星及其与 J 行星关系的大部分信息。你只有一次从 M 行星上获救的机会。你的备用无线电设备只有在两颗行星非常接近时才有足够的信号强度连接 J 行星，设备的电池电量也只够发送一条信息。你只有一次成功的机会！你需要计算出两颗行星在什么时候距离最近。 幸运的是，在计算机停止工作之前你能从中恢复一些信息。不过，你必须要回答一个关键问题：在 M 行星上需要等多少天才是 M 行星与 J 行星距离最近的日子，从而可以发射求救信息？

步骤 2：研究与设计——设计并实施探究的实践

学生通过合作的方式集思广益，提出尽可能多的解决方案。虽然不是绝对必要，但在进入下一步之前，最好让学生向全班同学展示他们的发现和分析方法。

步骤 3：计划——构建解释并设计解决方案的实践

学生比较各种好的想法，选择一个解决方案，并制订计划实施这一解决方案。在课堂上，探查学生的思维非常重要。大多数学生仍然会对昼夜、月相和星系位置的概念感到困惑。教师要鼓励他们基于证据构建模型。本次挑战问题解决的关键是让学生设计一个模型。在构建完模型后，学生需要操作模型以找到问题的解决方案。鉴于这一问题的复杂性，学生可能需要多次尝试操作模型才能构建出可行的解决方案。对于这个活动来说，学生能够操作模型比提供准确的答案更为重要。

步骤 4：创建——构建并使用模型的实践

学生将构建一个模型。

步骤 5：测试与改进——获取、评价并交流信息的实践

模型是否有效？是否满足了需求？学生交流结果并获得反馈，然后分析并讨论哪里有效、哪里无效，以及哪里尚待改进。

学生应参与下列实践：

- 设计并实施探究的实践。学生将积极参与，并以小组合作的方式完成探究，测试问题的解决方案，并得出结论。运用理性和逻辑思维过程，使用有效的沟通技巧（听、说、写；SEP7，SEP8；MP3）。
- 构建并使用模型的实践。学生使用地球—月球—太阳系统模型（SEP2；MP4）。
- 获取、评价并交流信息的实践。学生将分析并解释数据，得出结论，并将结论应用于新的情境中（SEP4；MP5）。在探究科学概念后掌握并应用科学词汇（SEP6；MP7）。

评价

- 如何证明学生已经达到课程目标的要求?
- 评价应贯穿整个课程，包括课程结束时。

终结性评价：请写下来!

主张：让学生写一个句子，说明在 M 行星上需要等多少天才是 M 行星与 J 行星距离最近的日子，从而可以发射求救信息?

证据：让学生用来自活动的科学数据支持他们的主张。证据应该包括他们是如何确定天数的。

推理：让学生解释为什么他们的模型支持其主张。

- 可以采用多种展示方式，如口头报告、画廊漫步式的海报展示或故事画板。
- 可以参考附录 A 中的 CER 量表。
- 请学生使用 StEMT 化活动中的证据详细说明下列问题的答案：为什么我们看到的月亮会改变形状?为什么我们只能在一年中的某些时间看到某些星座?

植物植物快快长

地球与空间科学 地球系统——地球物质与系统（ESS2.A）

教学概要：

对于这条学科核心概念，我们选择了一个比较简单的课程，课程内容聚焦于土壤和土壤在植物生长中的作用。根据教学内容的范围和顺序，在本课程之前还可以安排其他涉及土壤发育的课程。在初始的引入阶段，可以提问学生植物需要什么。这时教师可以做实验，也可以只问一些基本的问题。这些问题的设置只是为了激发学生的学习，所以问题的答案都没有对错之分。

在探究阶段，学生通过观察得出如下结论：土壤是一种混合物，而且土壤有不同的类型，分别具有不同的特性。根据各个州具体的课程标准，可以对探究和解释阶段略加修改，以便让学生对土壤和土壤类型进行更深入的研究。

工程设计挑战是用土壤的一种属性（如保水性）作为问题的基础。我们鼓励教师选取土壤的其他属性，例如为了满足特定的课程标准可以将属性改为抗腐蚀性。教师向学生提供一些材料，学生将用这些材料来组成一种混合物。该混合物与土壤相似，具有能够为植物生长保持足够水分的特性。我们选择的活动材料都是教师很容易获得的。给出的用品清单没有什么神奇之处，所以请大胆尝试其他搭配。例如在某个案例中，一位教师通过把一些种子放进学生的混合物中，进而拓展了这个课程的内容。学生在接下来的几周观察了种子的生长过程，从而整合了相关科学概念的实践。

五年级结束时，学生应该知道：

地球的主要系统包括岩石圈、水圈、大气圈和生物圈。这些子系统以多种方式相互作用来影响地球表层的物质形成和发展过程。海洋具有支持各种生态系统、塑造地貌以及影响气候的功能。大气中的风和云与地形相互作用，从而决定了天气的模式。降雨有助于塑造地表，并影响一个地区的生物类型。水、冰、风、生物和重力将岩石、土壤和沉积物分解成更小的颗粒，并带它们四处移动。人类活动会影响地球上的系统及地表各个系统间的相互作用（NRC 2012，p. 181）。

框架问题： 地球的主要系统是如何相互作用的？

StEMT 化问题： 为什么改良沙质土壤对农业生产具有重要意义？

维度 1： 实践（学生应该做什么？）

- 构建并使用模型（岩石圈、生物圈、水圈和大气圈中的相互作用）
- 分析并解释数据
- 参与基于证据的论证（用以解释风化作用或水、冰、风、植被侵蚀的速度）

维度 2： 跨学科概念

- 能量和物质：流动、循环和守恒
  追踪能量和物质的流入、流出和在系统内部的流动，有助于学生理解系统的可能性和局限性。
- 因果关系：机制和解释
  因果关系通常被识别、检测出来并用于解释变化。
- 系统和系统模型
  可以根据组分及组分之间的相互作用来描述系统。

维度 3： 学科核心概念

地球是一个复杂的系统，它由包括岩石圈、水圈、大气圈和生物圈在内的相互作用的子系统组成。地球的内部结构包括：主要成分是铁元素和镍元素的地核，由高温的、软的固态岩石组成的地幔，以及由岩石、土壤和沉淀物组成的地壳。大气圈是围绕在地球外部的气体圈层。水圈是由大气、海洋、湖泊、溪流、土壤和地下水中的冰、水蒸气和液态水组成的。凡是出现生命的地区就是生物圈，在岩石圈、水圈和大气圈的许多地方都能发现生命。人类当然是生物圈的一部分，人类活动对地球上所有的系统都有重要的影响。地球上的所有变化过程都是地球系统内部和系统间能量流动和物质循环的结果。能量来自太阳和地球内部。能量的转移和物质的运动可以导致地球物质和生命中的化学变化和物理变化（NRC 2012，p. 179）。

教学时长：3—4 课时（45 分钟 / 课时）

材料：

每班材料：从不同地点收集或购买 3—4 种不同类型的袋装土壤（例如沙子或沙质土；含有有机质的肥沃壤土，如盆栽土；硬的黏土）[①]

每组材料：250 毫升烧杯、50 毫升量筒、一块隔板、镊子或牙签、几个泡沫塑料杯、浅托盘（自助餐盘即可）、纸盘、咖啡滤纸或防潮布

每人材料：护目镜、非乳胶手套、非乳胶围裙

安全须知：

1. 在组装、操作和拆卸环节，应佩戴个人防护装备（护目镜、手套和围裙）。
2. 使用尖锐物品（如牙签、镊子）时请小心，避免刺破或割伤皮肤。
3. 活动完成后要用肥皂和水洗手。

① 注意：黏土可以在沙子和砾石制造厂找到，你也可以问一下学区的体育指导主任，因为棒球场会用到黏土。其他替代材料包括玉米淀粉（黏土替代品）、干树皮或小卵石。教师要确保了解所使用土壤的来源。有些土壤含有农药、除草剂、碎玻璃等，购买经过消毒的商用土壤更安全。

错误概念：

- 地球表面的灾难性变化，如火山爆发和地震，只会影响岩石圈。
- 大气圈、水圈、岩石圈和生物圈不会相互影响，这些系统在地球上独立运作。

引入

- 你会如何吸引学生的兴趣并揭示其错误概念？
- 在引入环节后，学生应该问自己什么样的问题？

让学生小组讨论下列诊断性问题：

- 你曾经用种子种过植物吗？植物生长需要什么？
- 一个地区在火山爆发后，植物的生长可能会发生什么变化？
- 土壤在植物生长中起什么作用？火山爆发会对土壤产生什么样的影响？
- 为什么科学家要研究土壤（土壤学）？

我们喝的水、呼吸的空气以及用于农业生产的土壤是三种最重要的自然资源。

探究

- 描述让学生体验该现象的动手活动。
- 列出与“大概念”相关的概念性问题，用这些问题来激发、聚焦学生的探究，并让学生验证其想法。

先验知识：

学生以前应该学习过如何阅读和解释表格，他们也应该在更低的年级就学习过植物的需求和结构。

土壤是生态系统不可分割的一部分。地球上的土壤有多种类型。土壤由岩石和有机质被风化、侵蚀而成的沉积物组成。一个地区的土壤类型直接源于该地区的岩石和有机质。在美国的一些地区（如佛罗里达州），土壤更多地呈现为沙质。在其他地区（如美国中西部地区），土壤则由黏土和淤泥组成。植物的生长与土壤类型有关。

- 给学生提供从不同地点收集的 3—4 种不同类型的土壤。最好有沙质土样品、肥土样品和硬的黏土样品。
- 学生(小组)将土壤样品倒在纸盘上，借助牙签和小型放大镜检查土壤成分。

阶段 1

让学生以小组为单位观察土壤，回答下列问题，并将观察结果记录在表 7.2 中。

1. 使用感官：你在土壤样品中看到了什么？摸起来怎么样？闻起来怎么样？
2. 你认为你的土壤样品是如何形成的？
   - 识别已分解的有机质（树叶、树枝）。
   - 识别较大的岩石碎片。问：大岩石是如何变成小岩石的？（教师可能需要带学生复习风化过程）
3. 你认为哪种土壤最适合植物生长？为什么？
4. 你认为哪种土壤保水性最好？为什么？保水性重要吗？为什么？
5. 为了让土壤保水性更好，可以将什么添加到土壤中？
6. 可以给植物过多的水分吗？为什么？

表 7.2　ESS2.A 课程土壤数据表

土壤类型	颜色（例如深棕色、浅棕色或红褐色）	质地（例如有沙砾的、沙质的或光滑的）	保水性（例如坏、好或非常好）	土壤中物质的类型（例如石头、小树枝或贝壳）	植物是否能在其中生长（是或否）
土壤样品 1					
土壤样品 2					
土壤样品 3					
土壤样品 4					

阶段 2

学生取 3—4 份土壤样品，将其中一份样品放入滤器中，然后置于盘子上方。用滴管把水小心地滴到土壤样品上，看它吸收水分的能力如何。学生需要将水缓慢地滴在土壤上以防止水从表面流走。学生在土壤数据表中记录他们的发现。

阶段 3

从学生带到课堂上的样品中选择三种不同类型的土壤。让学生在每种土壤中种下花卉或蔬菜的种子，给植物浇水并将其放在阳光下。让学生在几周内持续给植物浇水，并观察植物发育的过程。让学生判断其中一种土壤是否比其他类型的土壤更适合植物发育，并问他们为什么会有这样的判断。随后向学生提供不同类型土壤属性的第一组数据。

解释

- 在你介绍、解释术语之前，应先让学生给出他们的解释。你会用什么问题或方法来帮助学生将他们的探究过程与所考查的概念联系起来呢?
- 列出高阶思维问题，用这些问题来引发学生的解释，帮助他们构建、论证其解释。

在所有小组填完数据表并观察了植物的生长过程后，每个学生都应该准备一份报告来说明他们对土壤的新认识。报告内容应包括哪种类型的土壤更适合植物生长，并论证这个观点。

精致

- 如何让学生对概念有更深入的理解?
- 将介绍哪些词汇？这些词汇如何与学生观察到的现象联系起来?
- 如何将这些知识应用于我们的日常生活?

可以通过让学生仔细阅读一篇关于土壤肥力丧失的文章来开展这个环节。阅读后，学生可以在科学笔记本上写下他们对所学内容的总结。

> **StEMT 化**
>
> **科学**：在土壤学（研究土壤的科学）领域存在哪些现实问题与困难？
>
> **工程**：该 STEM 课程是由工程设计过程引导的吗？
>
> - 学生应当全身心投入到动手探究和开放式探究中。
> - 学生应当参与到富有成效的团队合作中。
>
> **数学**：该 STEM 课程是否严格应用了学生所学的数学和科学知识？
>
> **技术**：该 STEM 课程是否允许通过原型构建、测试和设计改进得到多个正确答案？鼓励学生监控自己的学习情况并评价其进步，必要时教师可以调整课程，并思考："这样做有意义吗？"

StEMT 化问题：为什么改良沙质土壤对农业生产具有重要意义？

美国佛罗里达州的土壤含沙量很高，因此土壤保水性较差。尽管佛罗里达州降雨充足，但仍难以保证农作物获得充足的水分。于是，需要通过大量的灌溉来满足植物对水的需求。如果不需要用那么多水来灌溉农作物和草坪的话，那么对环境来说会大有裨益。我们不得不问：有没有一种既便宜又简单的方法可以使佛罗里达州的土壤更好地保持水分呢？不过同时还要记住，一直保持水分饱和的土壤会使生长在其中的植物面临腐烂的危险。

步骤 1：提问——提出（科学）问题并明确（工程）难题的实践

要解决的难题是什么？需要设计什么？是为谁设计的？项目的要求是什么？有哪些限制条件？目标是什么？

给学生发放一套材料，这些材料可能保水，也可能不保水。他们将使用这些材料来设计一种土壤，这种土壤要能够最长时间保持水分不流失但又不会使水分持续饱和。这里的饱和指的是土壤中保留有 90% 的水分，且这些水分不会流入用来收集水的烧杯中。因此我们的目的是让土壤样品保持尽可能多的水分，但不能超过阈值的 10%。

步骤 2：研究与设计——设计并实施探究的实践

学生通过合作的方式集思广益，提出尽可能多的解决方案。

步骤 3：计划——构建解释并设计解决方案的实践

学生比较各种好的想法，选择一个解决方案，并制订计划实施这一解决方案。给学生提供 3—4 小杯干沙子，以及可以混合到土壤中的其他材料，用来制备试验用的土壤。学生应该对这些材料进行初步测试，看看小份样品的吸水性如何。

步骤 4：创建——构建并使用模型的实践

学生将构建一个原型。

1. 学生在杯子（纸杯或泡沫塑料杯）的底部放一小片咖啡滤纸，并在杯底戳七八个排水孔。然后，学生将精心设计的土壤混合物放入杯中。

2. 学生将土壤样品放在一个大烤盘上，以保持桌面整洁。一名学生把盛有土壤样品的杯子举在一个小烧杯上方。

3. 小组的一名成员向土壤样品中缓慢倒入 50 毫升水。

4. 当所有的水都从杯中倒出后，记录下小烧杯中的液体体积，这就是通过土壤样品的水量。

5. 学生计算倒入杯子的水量和通过土壤样品被小烧杯收集的水量间的差值，二者之差就是土壤样品吸收的水量。

步骤 5：测试与改进——获取、评价并交流信息的实践

原型是否有效？是否满足了需求？学生交流结果并获得反馈，然后分析并讨论哪里有效、哪里无效，以及哪里尚待改进。

学生利用在第一次试验中获得的知识，用工程设计的过程改善他们的土壤样品，重复试验 3 次（表 7.3）。

表 7.3　ESS2.A 课程工程设计过程数据表

试验	混合物组成（克）	倒入的水量（毫升）	流出的水量（毫升）	土壤吸收的水量（毫升）
试验 1				
试验 2				
试验 3				

作为拓展活动，学生可以用他们制备的土壤样品进行实验，看看植物能否在设计过的土壤中生长。

评价

- 如何证明学生已经达到课程目标的要求?
- 评价应贯穿整个课程，包括课程结束时。

终结性评价：请写下来!

学生将参考附录 A 中的 CER 量表，以主张、证据、推理的格式给佛罗里达州政府官员写一份报告，报告中要描述他们设计的土壤样品以及这种设计会如何影响佛罗里达州的土壤质量和用水管理。为什么改良沙质土壤很重要? 降雨如何塑造地表? 降雨如何影响沙漠气候区的生物类型?

风暴来袭心慌慌

地球与空间科学　地球与人类活动——自然灾害（ESS3.B）

教学概要：

备灾课深受学生的欢迎，它为学生提供了与现实生活相关的学习内容，可以激发学生浓厚的学习兴趣。我们以一个基础的备灾课来开始本课程，当然也可以进行改编以适合课程在其他地区开展。让学生思考全家几天内可能需要的物品。值得注意的是：因为这种问题没有唯一正确的答案，所以学生思考起来可能会有难度。对于那些坚信这类课程是引入一些数学内容的好机会的教师来说，本课也易于修改，可以让学生做出需要购买的物品的预算。

工程设计挑战弥补了备灾课中常常缺少的动手实践部分。我们选择使用非常简单的材料来创建这一挑战，但教师也可以根据其他可得到的材料对这个挑战进行修改。如果你所在的地区存在地震等其他类型的自然灾害，则可以通过桌面振动测试、侵蚀预防甚至水波来替代这一挑战。本课程的设计初衷是满足五年级科学课程标准的要求，但对于更高年级，也可以通过用不同的材料和设置限制来增加课程的难度和复杂性。

五年级结束时，学生应该知道：

各种自然灾害都是由自然现象造成的，例如地震、海啸、火山、灾害性天气、洪水和海岸侵蚀。人类无法消除自然灾害，但我们可以采取措施来减少自然灾害的影响。

框架问题：　自然灾害如何影响个人和社会？

StEMT化问题：　为了减少强风期间风暴造成的破坏损失，应如何改善屋顶结构？

维度 1：　实践（学生应该做什么？）

- 构建并使用模型（设计屋顶结构）
- 分析并解释数据（比较不同屋顶结构的稳定性）
- 参与基于证据的论证（提出一个主张，说明旨在减少灾害性天气影响的解决方案的设计优点）
- 获取、评价并交流信息（生成并比较多种旨在减少地球自然过程对人类影响的解决方案）

维度 2：　跨学科概念

- 因果关系：机制和解释
  凡事皆有原因，因果关系通常被识别、检测出来并用于解释变化。因果关系可以在给定的情境中进行检测，还可以在新的情境中用于预测和解释事件。
- 系统和系统模型
  对所研究的系统进行定义——明确其边界并建立清晰的系统模型，这为理解和检测适用于科学和工程的想法提供了工具。
- 稳定和变化
  对于自然系统和类似的人工系统，稳定的条件、系统变化或演变速度的决定因素是研究的关键。

维度 3：　学科核心概念

自然过程能够导致地球系统的突然变化或渐进变化，其中一些变化可能对人类产生不利影响。通过对历史事件的观察和了解，人们可以知道可能会在哪里发生某些类型的灾害，如地震、海啸、火山、灾害性天气、洪水和海岸侵蚀。对这些灾害的了解有助于我们做好准备并予以回应（NRC 2012）。

教学时长：3—4 课时（45 分钟 / 课时）

材料：

教师材料： 图表纸、互联网接入、投影仪、实物投影仪、数码相机

每组材料： 建模黏土、几张纸、封口胶带（每次试验用大约 1 米）、落地风扇或吹风机（设定低速）、6 根木棒、15 根牙签、1 个 2 升的塑料瓶、剪刀

每人材料： 科学笔记本、铅笔、护目镜、非乳胶手套

安全须知：

1. 在组装、操作和拆卸环节，应佩戴个人防护装备（护目镜和手套）。
2. 使用尖锐物品（木棒、牙签、剪刀等）时请小心，避免刺破或割伤皮肤。
3. 使用电器（风扇、吹风机等）时请小心，要远离水源以防触电。
4. 活动完成后要用肥皂和水洗手。

引导问题：我怎样才能帮助家人应对自然灾害？

错误概念：

- 自然灾害很少发生，即使发生了也只是受灾人群的运气不好。
- 洪水是罕见的、非典型的、几乎非自然发生的事件，而不是正常的河流行为。
- 所有自然灾害都只会对局部地区产生影响。
- 洪水只在强降雨过后才会发生。

- 全球变暖是由臭氧层上的空洞扩大使更多辐射到达地球表面引起的。
- 来自远方火山的火山灰不会影响佛罗里达州、密歇根州、弗吉尼亚州等地区。

引入

- 你会如何吸引学生的兴趣并揭示其错误概念?
- 在引入环节后，学生应该问自己什么样的问题?

向学生提出下列诊断性问题：

- 可能影响人类的自然灾害有哪些?
- 如果一个家庭的所在地发生自然灾害，他们不得不撤离或者被困在停电的家中，他们可能需要哪些物品?
- 要活下去，你不能没有的五件物品是什么?

让学生分享他们的清单，并讨论不同的家庭为何有不同的需求。

探究

- 描述让学生体验该现象的动手活动。
- 列出与“大概念”相关的概念性问题，用这些问题来激发、聚焦学生的探究，并让学生验证其想法。

先验知识：

学生应该在之前就学习过为灾害性天气做好准备的重要性。

1. 在小组中，让学生列出他们认为应该放在家庭应急包中的物品清单。换句话说，为了存活三到五天他们需要准备什么？鼓励学生与同伴辩论，并为他们的选择提供依据。每个小组必须对清单内容达成共识。

2. 然后，各小组应该把清单上的物品按照最重要到最不重要的顺序进行排列。同样，小组内必须达成共识。

3. 让各小组在图表纸上列出他们的物品，并把图表纸在教室里进行展示。

4. 给学生时间去了解其他组的选择。

5. 完成画廊漫步式的展示后，每位学生列出他们自己的清单。

6. 让学生把清单带回家与家人讨论。

7. 学生还应与家人讨论下列问题：

- 如果发生火灾，应在家以外的什么地方与家人见面？
- 如果自己必须撤离，要在附近什么地方与家人见面？
- 如果自己在灾害期间与家人失散，应该打电话到什么地方以建立联系？

学生应该记住住在另一个地方的家庭成员的电话号码，向其汇报自己所在位置以便家人寻找自己。

此时，你可以给学生一份作业单，让学生在家长签名之后返还。教师可以让学生将作业单上列出的物品按照优先顺序放入其应急包。

解释

- 在你介绍、解释术语之前，应先让学生给出他们的解释。你会用什么问题或方法来帮助学生将他们的探究过程与所考查的概念联系起来呢？
- 列出高阶思维问题，用这些问题来引发学生的解释，帮助他们构建、论证其解释。

学生应该在计划的截止日期前提交应急物品清单，并与全班同学分享。

1. 让学生比较应急计划，有没有通用的计划呢？

2. 为什么一个家庭的计划不同于另一个家庭的计划？

3. 清单是否会根据灾害发生的气候或季节而发生变化呢？如果会，应该怎么变化呢？

4. 清单会因灾害类型的不同而有所不同吗？（例如为了应对洪水造成的停电与暴风雨造成的停电，清单会不同吗？）如果会，将有何不同？

举办圆桌会议，讨论为什么我们应该制订应对灾害的计划。

精致

- 如何让学生对概念有更深入的理解？
- 将介绍哪些词汇？这些词汇如何与学生观察到的现象联系起来？
- 如何将这些知识应用于我们的日常生活？

给每组学生一个自然灾害的场景，例如火灾、龙卷风、飓风、暴风雪等。让学生围绕“一个家庭如何应对灾害”写一个故事。故事中应包括他们在应急计划中列出的应包含的物品，或他们认为可能需要的新物品。

StEMT 化

科学：在灾害性天气或自然灾害领域存在哪些现实问题与困难？

工程：该 STEM 课程是由工程设计过程引导的吗？

- 学生应当全身心投入到动手探究和开放式探究中。
- 学生应当参与到富有成效的团队合作中。

数学：该 STEM 课程是否严格应用了学生所学的数学和科学知识？

技术：该 STEM 课程是否允许通过原型构建、测试和设计改进得到多个正确答案？鼓励学生监控自己的学习情况并评价其进步，必要时教师可以调整课程，并思考：“这样做有意义吗？”

StEMT 化问题：为了减少强风期间风暴造成的破坏损失，应如何改善屋顶结构？

1992 年 8 月 24 日，安德鲁飓风袭击了佛罗里达州的迈阿密地区。它以五级飓风的风速登陆，风暴的风速超过了 282 千米 / 小时。安德鲁飓风造成的破坏促使新的建筑法规出台，新法规将更好地保护建筑物，防止其在未来受到如此强大风暴的破坏。工程师提出的问题是：如何设计一栋能够抵御强风的房子？大多数的强风造成的破坏是由空气进入建筑物导致的。在风暴灾害中，迈阿密地区很多房屋的屋顶都被掀翻了。某些类型的屋顶结构比其他类型的屋顶结构更能抵御强风。那么，为了最大限度地减少持续强风带来的影响，应如何设计屋顶结构呢？

教师须知道学生可能不熟悉不同类型的屋顶。因此在开始本课程之前，需要向学生快速展示介绍不同类型屋顶的幻灯片。

步骤 1：提问——提出（科学）问题并明确（工程）难题的实践

要解决的难题是什么？需要设计什么？是为谁设计的？项目的要求是什么？有哪些限制条件？目标是什么？

步骤 2：研究与设计——设计并实施探究的实践

学生通过合作的方式集思广益，为设计一种能够抵御持续强风而不会造成损失（被破坏）的屋顶结构提出尽可能多的解决方案。

步骤 3：计划——构建解释并设计解决方案的实践

学生比较各种好的想法，选择一个解决方案，并制订计划实施这一解决方案。

步骤 4：创建——构建并使用模型的实践

学生将建造一个长 15 厘米、宽 15 厘米、高 7.5 厘米的黏土结构。沿着黏土结构的顶部边缘放置木棒，以防屋顶结构在风洞试验中粘到墙壁上。试验用的结构如图 7.2 所示。

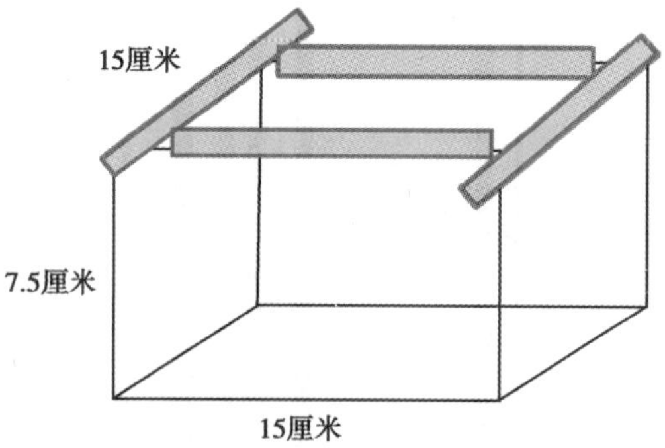

图 7.2　试验用的结构

学生将使用纸张、封口胶带（每次试验用大约 1 米）、6 根木棒、1 个 2 升的塑料瓶和 15 根牙签来设计能够抵御强风的屋顶结构。在这个阶段，应该为学生设定一个时间限制。让学生把他们的屋顶结构小心地放在试验用的建筑结构上。为了模拟持续的飓风，教师会打开一个落地风扇（设定低速），直接对准模型吹风。如果屋顶没有被吹掉，教师将风扇风速调高一级，并重复此动作直至风扇风速被调到最大。

步骤 5：测试与改进——获取、评价并交流信息的实践

原型是否有效？是否满足了需求？学生交流结果并获得反馈，然后分析并讨论哪里有效、哪里无效，以及哪里尚待改进。

学生将分析他们的屋顶结构是如何失败的以及哪里出现了问题。他们将把各自的设计带回自己的工作室，然后根据第一次试验的教训做出必要的改进。完成改进后，他们将重复试验。

学生应参与下列实践：

- 提出（科学）问题并明确（工程）难题的实践。学生将提出问题，明确难题，并预测解决方案 / 结果（SEP1；MP1）。
- 设计并实施探究的实践。学生将积极参与，并以小组合作的方式完成探究，测试问题的解决方案，并得出结论。运用理性和逻辑思维过程，使用有效的沟通技巧（听、说、写；SEP7，SEP8；MP3）。
- 构建解释并设计解决方案的实践。学生将设计、计划、开展探究以收集和整理数据（SEP3；MP1）。
- 构建并使用模型的实践。学生将通过构建解释、设计解决方案来获取、评价并交流信息（SEP8；MP3）。学生将构建和使用不同类型屋顶结构的模型。（SEP2；MP4）。
- 获取、评价并交流信息的实践。学生将分析并解释数据，得出结论，并将结论应用于新的情境中（SEP4；MP5）。在探究科学概念后掌握并应用科学词汇（SEP6；MP7）。

评价

- 如何证明学生已经达到课程目标的要求？
- 评价应贯穿整个课程，包括课程结束时。

终结性评价：请写下来！

学生写一篇文章，解释为什么为应对灾害做好准备如此重要。自然灾害是如何影响个人的？学生应提出一个主张，说明为应对自然灾害做好准备很重要，从制订建筑法规到防止财产损失，再到为应对难以预料的事情制订家庭计划。学生应使用在本课程中探究活动和 StEMT 化活动中获得的证据来支持他们的主张。学生还应使用 CER 的形式来解释屋顶被吹掉后会如何改变家庭的生活方式或居住地点，以及他们在接下来的日子里如何生存（与仅停电相比）。

学生要做一个关于屋顶设计的简短演示（一张图表纸或不超过两页幻灯片）。小组将以 CER 的形式来展示他们测试过的屋顶结构。学生要提出一个主张，说明为何自己的设计是成功的，为该主张提供证据，并解释这些证据如何支持他们的主张。教师可以把展示弄得正式些，让学生感觉就像是在给一群房屋建筑商或制订城市建筑法规的官员展示一样。

清洁用水，造福全球

地球与空间科学　地球与人类活动——人类对地球系统的影响（ESS3.C）

教学概要：

对环境管理的理解是科学素养的一个重要组成部分，我们希望所有学生都能理解环境管理的意义和方法。在讲解混合物的典型课程中，学生将理解什么是混合物以及如何分离混合物。以此为基础，在本课程的后一部分，学生将有机会去探寻在审慎且负责的管理下，逆转人类活动对环境造成的消极影响的可能性。学生将通过整个课程了解到，混合物中的一些材料比另一些材料更容易分离。在现实生活的情境中，分离混合物的难度可能会极大地影响清理的成本，了解这一事实有助于环境保护和防治工作。

我们选择的工程设计挑战要求学生开发一种或多种技术来分离混合物中的材料。为每种材料设计出分离方法，将使学生面临分离不同类型材料的挑战。在某些情况下，学生可能无法将各种类型的材料分离开来。这时教师可以选择对课程加以修改，并将其作为一次教学的机会，带领学生讨论为什么某些材料难以分离以及这对于现实生活场景的意义。同样，本次挑战的主要目的在于让学生学习“人类对地球系统的影响”这一核心概念，而不是开发出完美的设计。

五年级结束时，学生应该知道：

人类在农业、工业和日常生活中的活动对土地、植被、溪流、海洋、空气甚至外太空都产生了重大的影响。但个人和社会正在采取措施来保护地球的资源和环境。例如我们处理污水，减少消耗的材料，控制工厂、发电厂等的排放和农业径流等污染源。

框架问题：人类是如何改变地球的？

StEMT化问题：我们如何利用分离混合物的知识以及工程设计实践来设计一个为全球人民提供清洁用水的解决方案？

维度 1：实践（学生应该做什么？）

- 构建并使用模型
- 分析并解释数据
- 参与基于证据的论证
- 获取、评价并交流信息

维度 2：跨学科概念

- 因果关系：机制和解释
  凡事皆有原因，因果关系可以在给定的情境中进行检测，还可以在新的情境中用于预测和解释事件。
- 系统和系统模型
  可以根据组分及组分之间的相互作用来描述系统。

维度 3：学科核心概念

人类在农业、工业和日常生活中的活动影响了土地、河流、海洋和空气。人类对溪流、湖泊和地下水的改造影响了地球上水资源的质量、可用性和分布。包括湿地、森林和草原等脆弱的生态系统在内的大片土地，正在被人类的农业、矿业以及居住地和道路的扩展所改变。现在，每年人类活动造成的土地侵蚀和土壤运动超过了所有自然进程。人类活动造成的空气污染和水污染影响了大气和河流湖泊的状况，进而给人类和其他物种的健康带来了破坏性影响。在审慎且负责的环境管理下，人类活动的一些负面影响是可逆转的（NRC 2012）。

教学时长：4—5 课时（45 分钟 / 课时）

材料：

教师材料：各种混合物，如一盒蜡笔、一副纸牌、什锦干果、贝壳、岩石等

每组材料：一个盛有混合物（包括六颗弹珠、未制成爆米花的玉米粒、铁砂、细粒沙和粗粒沙）的塑料杯、各种网孔尺寸的筛网、一个托盘、一块磁铁以及五个透明塑料杯

每人材料：科学笔记本、铅笔、护目镜

StEMT 材料：小石块、小空心珠子或麦圈、塑料管、漏斗、沙子、砾石、盆栽土、烧杯、铝锅、纸杯或泡沫杯、黏土、吸管、小块纱窗、护目镜、非乳胶手套、非乳胶围裙

安全须知：

1. 在组装、操作和拆卸环节，应佩戴个人防护装备（护目镜等）。
2. 不得食用本活动中使用的任何食品，以免交叉污染。
3. 活动完成后要用肥皂和水洗手。

引导问题：什么是混合物？如何分离混合物？

错误概念：

- 地球及地球系统非常大，不会受到人类活动的影响。
- 如果地球上的污染太严重，人类无法生存，那么我们可以移民

到另一个星球。
- 相对于人类生活的时间尺度而言，整个地球环境是稳定的。
- 臭氧空洞与全球变暖直接相关。
- 人类活动不会影响河流流动、洪水周期等地质过程。
- 科技修复手段能使我们免于破坏地球环境。
- 因为人类已经发明了防止燃煤产生的污染物进入大气的方法，所以煤炭燃烧并不是一个环境问题。

引入

- 你会如何吸引学生的兴趣并揭示其错误概念？
- 在引入环节后，学生应该问自己什么样的问题？

展示各种混合物，如贝壳、蜡笔或岩石。问学生：
- 这些材料有什么相似之处？
- 可以对这些材料进行分类和分离吗？要怎么做呢？
- 哪些材料容易分离？哪些材料很难分离？

告诉学生这些物品都是混合物。让学生在科学笔记本上写下关键问题和所有初步的想法。在此期间，给学生一些时间和同伴讨论这些问题。让学生两人一组汇报他们的想法，并以此为基础了解学生的先验知识和错误概念，进而帮助指导教学。

探究

- 描述让学生体验该现象的动手活动。
- 列出与“大概念”相关的概念性问题，用这些问题来激发、聚焦学生的探究，并让学生验证其想法。

先验知识：

给每组学生发放活动材料，并告诉他们混合物的成分。让学生找到一种方法来分离三种材料，并在科学笔记本上写出他们是如何做到的。当学生分离完混合物后，让他们将不同的物品分别放入单独的杯子中。让学生小组分享他们分离混合物的方法。

解释

- 在你介绍、解释术语之前，应先让学生给出他们的解释。你会用什么问题或方法来帮助学生将他们的探究过程与所考查的概念联系起来呢?
- 列出高阶思维问题，用这些问题来引发学生的解释，帮助他们构建、论证其解释。

与学生一起回顾下列问题：

● 什么是混合物?（答案：混合物由两种或两种以上物质组成，每种物质都保持各自原来的性质）

● 你是如何分离混合物的?（答案：通过磁铁、分拣或过筛）

● 还有其他分离方法吗? 有没有无法分离的混合物?

● 在混合材料时，材料发生了什么变化?（答案：物理变化）

● 在分离材料时，材料发生了什么变化?（答案：物理变化）

● 在本活动中是否有需要控制的变量?（答案：否）

● 如果没有需要控制的变量，那么我们可能就不是在做实验，而是在做科学调查。本活动是实验还是调查?（答案：调查）

让学生就关键问题做出总结性陈述（主张）。提醒学生使用调查到的证据来支持他们的主张。

精致

- 如何让学生对概念有更深入的理解?
- 将介绍哪些词汇? 这些词汇如何与学生观察到的现象联系起来?
- 如何将这些知识应用于我们的日常生活?

1. 让学生把一小份他们最喜欢的谷物样品放入一个袋子中，让他们判断这些谷物是否是混合物，并决定如何分离。

2. 让学生玩一个“是不是混合物”的游戏。在黑板上列出几个物品，例如什锦干果、雾、沙拉、饮料、盐、糖、薄荷圈糖、浮石、装满衣服的壁橱。让学生判断这些物品是否是混合物，并给出解释。（雾是水和空气的混合物。浮石是岩石和空气的混合物。烟是灰尘和空气的混合物。糖和盐都是化合物，构成这些化合物的元素是以化学方式结合的，不能用普通方法进行分离。）

StEMT 化

科学：在人类对地球的影响领域存在哪些现实问题与困难?

工程：该 STEM 课程是由工程设计过程引导的吗?

- 学生应当全身心投入到动手探究和开放式探究中。
- 学生应当参与到富有成效的团队合作中。

数学：该 STEM 课程是否严格应用了学生所学的数学和科学知识?

技术：该 STEM 课程是否允许通过原型构建、测试和设计改进得到多个正确答案? 鼓励学生监控自己的学习情况并评价其进步，必要时教师可以调整课程，并思考：“这样做有意义吗？”

StEMT 化问题：我们如何利用分离混合物的知识以及工程设计实践来设计一个为全球人民提供清洁用水的解决方案？

美国人从水龙头里获取的水通常是安全的，这种水已经经过处理和净化。但世界上至少有 20%的人喝不到清洁的饮用水，他们唯一的选择可能是直接饮用河中的水。如果河水被废物污染，则会含有可能引发疾病的细菌和其他生物。全世界几乎十分之九的疾病都是由不安全的饮用水引起的。不安全的饮用水引起的疾病是导致幼儿死亡的主要原因。造成污染的原因非常多，例如农业径流、工业和日常生活活动（包括垃圾清运、废水排放、建筑施工和汽车尾气排放等）。

步骤 1：提问——提出（科学）问题并明确（工程）难题的实践

要解决的难题是什么？需要设计什么？是为谁设计的？项目的要求是什么？有哪些限制条件？目标是什么？

在世界上的许多地区，人们饮用的水是水与其他物质和生物组成的混合物。我们的目标是建立一个初级净化系统，在水流入二级净化系统以去除微生物之前，尽可能多地去除水中的污染物。

步骤 2：研究与设计——设计并实施探究的实践

教师可以选取更多可以获得的其他材料。

步骤 3：计划——构建解释并设计解决方案的实践

1. 给学生一个盛有混合物的烧杯，里面有水、麦圈（或其他可以漂浮的谷物）、盆栽土和大小不一的石块。

2. 给学生时间去制订一个计划，计划的内容是通过一系列步骤去除添加到水中的每一种物质。

3. 学生将设计去除杂质的流程，每操作一步去除一种物质。例如第一步可以撇去浮在水面上的物质。在另一个步骤中，可以让密度更大的物质下沉到底部，从而将上层的清液分离出来。

步骤 4：创建——构建并使用模型的实践

学生将构建一个模型来演示如何分离混合物。学生应分别去除每种物质，每操作一步去除一种。可供参考的引导问题包括如何去除漂浮的物质？如何去除密度较大的物质？还留下了什么？留下来的水是否足够清洁，以至于可供人类饮用？

步骤 5：测试与改进——获取、评价并交流信息的实践

一旦得到教师的许可，学生就会构建净化系统并测试他们的初步设计。给学生额外的时间重新设计或改进他们的装置，以提高设计的有效性。

学生应参与下列实践：

- 设计并实施探究的实践。学生将积极参与，并以小组合作的方式完成探究，测试问题的解决方案，并得出结论。运用理性和逻辑思维过程，使用有效的沟通技巧（听、说、写；SEP7，SEP8；MP3）。
- 构建解释并设计解决方案的实践。学生将设计、计划、开展探究以收集和整理数据（SEP3；MP1）。

> 评价
> - 如何证明学生已经达到课程目标的要求？
> - 评价应贯穿整个课程，包括课程结束时。

终结性评价：请写下来！

设计完成后，学生将起草一份报告，描述他们的设计。这份报告的目的是向正在努力为其人民提供清洁用水的第三世界国家推广他们的产品，而且报告中必须描述原始混合物包括哪些物质，混合物是如何分离的以及这种设计将可能给地球带来什么样的改变。

- **主张**：该产品是用来做什么的？
- **证据**：有什么证据可以表明该产品有效？
- **推理**：这些证据如何支持上述主张？该设计将如何帮助人类？

参考文献

National Research Council (NRC). 2012. *A framework for K-12 science education: Practices, crosscutting concepts, and core ideas.* Washington, DC: National Academies Press.

第八章 生命科学 StEMT 课例

过去我总是会限制自己教给孩子们的内容，因为我担心他们不能很好地掌握这些知识。但在教了这些课之后，我意识到自己之前不仅没有帮助到他们，反而还拖了他们的后腿。这些课例让我真正了解到，孩子们的探究技能只会被我们讲的东西拖累。如果我们让学生做得更多，我们就会看到他们更多的进步。

——亨特（Hunter）于利纳维斯塔小学（Lena Vista Elementary）

细胞都市大揭秘

生命科学　从分子到生物——结构和功能（LS1.A）

教学概要：

试问有哪个学生能抗拒一堂有关“僵尸启示录”的课？本课程的工程设计挑战可以切实提高学生研究细胞的热情。原来的课程由一个具有代表性的问题引出：动物细胞与植物细胞有什么相似和不同之处？探究环节要求学生用显微镜观察植物细胞，其目的是让学生熟悉植物细胞的组成部分。在解释环节，学生小组合作，使用细胞结构卡片补全细胞结构和功能表，从而了解细胞各部分是如何协同工作的。通过卡片，学生还将了解植物细胞和动物细胞的不同之处。这也是开展口腔上皮细胞观察这一探究活动的好时机。本课的一个常见后续活动是让学生建立细胞模型，教师可以考虑在开展工程设计挑战之前进行这部分活动。

本课程的工程设计挑战包含流行的僵尸主题，教师应借此机会探讨科学与伪科学的区别。僵尸只是一个有趣的背景，学生可以把周围遍布僵尸的城市作为一个系统蓝图来使用，这样他们就可以将细胞运作与系统运作联系起来，即细胞就像一个周围遍布僵尸的城市一样。我们鼓励教师在课堂上发挥自己的想象力。如果教师不喜欢僵尸主题，或者这一主题已经不再流行，那么可以用工厂、飞机，或者其他类型的社会系统或机械系统作为活动背景。我们已经在中学课堂上测试过本课程，每次教师都会对课程的工程设计挑战部分进行些许改动。在所有的案例中，学生都积极地投入到课堂教学中，并在学习过程中进行了精彩的讨论。

五年级结束时，学生应该知道：

植物和动物都具有内部和外部结构，这些结构在动植物生长、生存、行为和繁殖方面发挥着不同的功能。

八年级结束时，学生应该知道：

所有的生物都是由细胞组成的，细胞也是具有生命的最小单位。生物可由单个细胞组成（单细胞生物），也可由许多数量不等、类型各异的细胞组成（多细胞生物）。单细胞生物像多细胞生物一样，需要食物、水、某种排泄废物的方法，以及可以生存的环境。

框架问题：生物的结构是如何实现各项生理机能的？

StEMT 化问题：如何使用模型来理解在某个尺度上可以观察到、而在另一个尺度上却无法观察到的现象（例如细胞系统）？

维度 1：实践（学生应该做什么？）

- 构建并使用模型
- 参与基于证据的论证
- 获取、评价并交流信息

维度 2:　跨学科概念

- 尺度、比例和数量

在考虑现象时，关键是要认识到在不同大小、时间和能量尺度上什么是相关的，以及尺度、比例和数量的变化如何影响系统的结构或行为。可以在某个尺度上观察到的现象，在另一个尺度上可能无法观察到。

- 系统和系统模型

对所研究的系统进行定义——明确其边界并建立清晰的系统模型，这为理解和检测适用于科学和工程的想法提供了工具。学生将通过开发并使用模型来描述细胞的各个部分如何为整个系统的功能的实现做出贡献。

- 结构和功能

非生物或生物的形态及其基础结构决定了其许多性质和功能。复杂的微观结构和系统可以被可视化、被建模，并用来描述其功能对各组成部分间相互作用的依赖。因此，可以通过分析复杂的自然结构来确定其功能。

维度 3:　学科核心概念

- 结构和功能

生命的核心特征是生物的生长、繁殖和死亡。生物具有特征结构（解剖学和形态学）、功能（从分子尺度到生物水平的生理过程）和行为（神经生物学，对某些动物物种来说，还有心理学）。生物包括只有单个细胞的生物（单细胞微生物）与多细胞生物，后者由大量不同种类的细胞聚集成群，协同工作，形成组织和器官（如循环系统、呼吸系统、神经系统、肌肉骨骼系统），这些组织和器官具有特定的功能（NRC 2012，p. 143）。

教学时长： 3 课时（45 分钟 / 课时）

材料：

细胞结构卡片（细胞壁、细胞膜、细胞核、细胞质、叶绿体、线粒体和液泡）、滴管、洋葱切片、碘酒、显微镜、镊子、动物细胞（如口腔上皮细胞或肌肉细胞）切片或图像、塑料自封袋、糖浆（或类似液体）、不同颜色的通心粉、烟斗通条、珠子、护目镜、非乳胶手套、非乳胶围裙

安全须知：

1. 在组装、操作和拆卸环节，应佩戴个人防护装备（护目镜、手套和围裙）。
2. 不得食用本活动中使用的任何食品，以免交叉污染。
3. 使用碘酒时请小心：碘有毒，会污染衣服和皮肤。
4. 处理载玻片和盖玻片时请小心，避免锋利的边缘刺破或割伤皮肤。
5. 使用尖锐物品时请小心，避免刺破或割伤皮肤。
6. 活动完成后要用肥皂和水洗手。

引导问题： 如何使用模型来描述细胞本身作为一个系统及其作为系统的一部分时的功能？

错误概念：

- 生物是由细胞组成的，非生物是由原子组成的。
- 植物细胞含有叶绿体，动物细胞含有线粒体。
- 所有细胞的大小和形状都是一样的，即存在一个通用的细胞形态，生物的某些有生命的部分不是由细胞组成的，植物不是由细胞组成的。

引入

- 你会如何吸引学生的兴趣并揭示其错误概念？
- 在引入环节后，学生应该问自己什么样的问题？

它属于植物细胞还是动物细胞？让学生观察植物和动物细胞的几种结构（细胞壁、细胞膜、细胞核、细胞质、叶绿体、线粒体和液泡）。问他们每张图片是属于植物细胞还是动物细胞，以及为什么。教师不要给出答案，而是提出诊断性问题，引导学生对关键术语建构自己的解释。见表 8.1。

表 8.1　LS1.A 课程引入环节数据收集表

图片	植物细胞还是动物细胞？	为什么？
1.		
2.		
3.		

探究

- 描述让学生体验该现象的动手活动。
- 列出与“大概念”相关的概念性问题，用这些问题来激发、聚焦学生的探究，并让学生验证其想法。

观察植物细胞（洋葱细胞）和动物细胞（口腔上皮细胞）：

1. 取一片载玻片和一片盖玻片，确保它们已经被彻底清洗干净并干燥。

2. 用镊子从洋葱切片的内（凹）侧取下单层细胞，放在载玻片上。如果样本折叠或起皱，用镊子将其拉直。（注：此处重点是演示显微镜的正确使用方法和洋葱切片内侧弯曲处单层细胞的剥取）

3. 在洋葱组织上滴一滴碘酒，小心地在已染色的洋葱组织上盖上盖玻片，并轻轻地敲出所有气泡。

4. 观察低（4×）、中（10×）倍镜下的洋葱细胞。画一组在第 1 个载玻片上相邻的细胞，至少画 10 个。重复上述步骤，对口腔上皮细胞进行观察（动物细胞）。

5. 学生应记录在显微镜下观察到的各种类型的细胞，可以绘制草图。

向学生提出以下问题（学生的答案会有所不同，答案中可能还不包含细胞器的科学词汇或名称）：

1. 植物细胞和动物细胞有什么相似之处?

2. 植物细胞和动物细胞有什么不同之处?

学生应在笔记本上记录其观察结果。

解释

- 在你介绍、解释术语之前，应先让学生给出他们的解释。你会用什么问题或方法来帮助学生将他们的探究过程与所考查的概念联系起来呢?
- 列出高阶思维问题，用这些问题来引发学生的解释，帮助他们构建、论证其解释。

系统运作的植物细胞和动物细胞：

教师不要急于回答问题，要倾听学生的错误概念，并进一步提出诊断性问题，以便引导讨论。讨论结果将引导学生进入解释环节。

1. 分发细胞结构卡片（细胞壁、细胞膜、细胞核、细胞质、叶绿体、线粒体和液泡），每组一套。

2. 用标有“细胞膜”的卡片举例，向学生展示如何完成表格。

3. 在小组中，学生用卡片完成细胞结构和功能表（表 8.2）。向学生提出以下问题，确保学生使用科学词汇描述细胞结构。学生在探究环节给出的答案应根据解释环节新获得的信息进行修改。

- 植物细胞和动物细胞有什么相似之处?（答案：植物细胞和动物细胞都具有一个细胞膜、细胞质、一个细胞核、液泡和线粒体。）
- 植物细胞和动物细胞有什么不同之处?（答案：植物细胞具有叶绿体和细胞壁，而动物细胞没有。植物细胞还有一个大的中央液泡。）

教师将话题引回绘有细胞壁、细胞膜、细胞核、细胞质、叶绿体、线粒体和液泡的细胞结构卡片，再次问学生这些结构是属于植物细胞还是动物细胞。学生绘制并标记已确定的部分。

表 8.2　LS1.A 课程解释环节数据收集表

项目	细胞膜	细胞壁	细胞核	细胞质	叶绿体	线粒体	液泡
描述	细胞周围的一层含有蛋白质与脂质的薄膜						
功能	控制物质进出细胞						
植物细胞	有						
动物细胞	有						

精致

- 如何让学生对概念有更深入的理解？
- 将介绍哪些词汇？这些词汇如何与学生观察到的现象联系起来？
- 如何将这些知识应用于我们的日常生活？

在学生理解了植物细胞和动物细胞的基本区别后，让他们两人一组构建动物细胞模型，学生可以从你提供的各种材料中选择所需的材料。每个小组简要讨论他们可以用什么材料来表示前面活动中确定的细胞结构。然后每个小组收集材料，制造细胞模型。教师可以为每组提供两个塑料自封袋来代表细胞膜，一杯透明的糖浆或类似的液体来代表细胞质；用不同材料来代表细胞的其他部分，如纽扣、不同颜色的通心粉、烟斗通条和珠子。教师为学生提供护目镜、非乳胶手套和非乳胶围裙。学生应在科学笔记本上完成表 8.3。

表 8.3　LS1.A 课程精致环节数据收集表

结构	植物	动物	功能	使用的材料	使用这一材料的原因
细胞壁					
细胞膜					

续表

结构	植物	动物	功能	使用的材料	使用这一材料的原因
细胞核					
细胞质					
叶绿体					
线粒体					
液泡					

在倒糖浆之前，学生应将代表细胞各部分的物品放入袋子内，以便在倒入糖浆后迅速封好袋子。学生将“细胞结构”装入袋子后，就可以倒入糖浆。让学生把糖浆提前倒入有壶嘴的量杯里可以方便操作。当一个学生倒糖浆时，另一个学生应小心地用双手握住袋子。学生在制作模型的同时，应继续填写数据收集表，并记录每个结构的功能。此外，学生应记录他们选择代表细胞结构的材料及原因（即说明不同材料如何代表了特定的细胞结构）。学生制作好细胞模型后，让他们比较并讨论模型的异同。

向学生提出以下问题：

- 为什么我们经常依靠模型？为什么模型在研究细胞时是有用的？
- 你的模型有多像一个真实的细胞？又有什么不同？
- 一般来说，模型有哪些局限性？
- 这个模型是怎样代表一个系统的？

StEMT

科学：在系统设计领域存在哪些现实问题与困难？

工程：该 STEM 课程是由工程设计过程引导的吗？

- 学生应当全身心投入到动手探究和开放式探究中。
- 学生应当参与到富有成效的团队合作中。

数学：该 STEM 课程是否严格应用了学生所学的数学和科学知识？

技术：该 STEM 课程是否允许通过原型构建、测试和设计改进得到多个正确答案？鼓励学生监控自己的学习情况并评价其进步，必要时教师可以调整课程，并思考：“这样做有意义吗？”

StEMT 化问题：如何使用模型来理解在某个尺度上可以观察到、而在另一个尺度上却可能无法观察到的现象（例如细胞系统）？

学生参与组分、子系统、相互作用和匹配的分析。描述组分以及它们之间的相互作用要比仅仅把一切事物都冠以系统之名更重要（AAAS 1993，p. 265）。此外，对学生思维的研究表明，他们倾向于通过关注各组分的性质，而非观察系统各组分之间的相互作用，来解释现象（AAAS 1993，p. 355）。在细胞的情境中，教师鼓励学生将细胞视为一个系统和一个子系统，并尝试理解细胞各部分之间如何相互作用。教师向学生提出以下问题：

- 有哪些系统是你比较熟悉的？（例如学校系统、太阳系、消化系统、滑轮系统）
- 是什么让这些事物成为系统？你如何定义一个系统？
- 城市是一个系统吗？为什么？工厂是一个系统吗？为什么？
- 还有哪些事物你会视为系统？解释原因。

僵尸启示录：末日都市（如果僵尸题材不再流行，也可以选择工厂或飞机等场景）

学生将设计一个自给自足的城市，使其在僵尸末日后正常运转，并考虑城市和细胞何以被视为系统。这是一个讨论科学（细胞理论）和伪科学（僵尸末日）的好时机。教师把学生按 2—3 人分组。

步骤 1：提问——提出（科学）问题并明确（工程）难题的实践

要解决的难题是什么？需要设计什么？是为谁设计的？项目的要求是什么？有哪些限制条件？目标是什么？

步骤 2：研究与设计——设计并实施探究的实践

学生通过合作的方式集思广益，提出尽可能多的解决方案。城市、工厂或飞机的部件与生物的结构有何相似之处？这些部件如何相互作用，使城市、工厂或飞机成为一个整体？

步骤 3：计划——构建解释并设计解决方案的实践

学生比较各种好的想法，选择一个解决方案，并制订计划实施这一解决方案。完成表 8.4 和表 8.5。学生可参考“细胞工厂”“细胞城市”以及细胞结构和功能相关的阅读材料（阅读材料由教师决定）完成图表。必须涉及的知识点包括：细胞质、细胞核、细胞膜、细胞壁、线粒体和叶绿体。拓展学习的内容如：内质网、核糖体、高尔基体和溶酶体。

表 8.4 LS1.A 课程 StEMT 环节数据收集表

把细胞比作城市 / 工厂 / 飞机		
无僵尸城市 （工厂） （飞机）	细胞器	细胞器的功能
城市边界巡逻 （运输 / 收货部门） （驾驶舱）	细胞膜 / 质膜	控制进出细胞的物质，保护细胞
市政厅 （首席执行官） （飞行员）	细胞核	控制所有主要的细胞活动，决定细胞制造的蛋白质
道路系统 （厂房） （机舱内空气）	细胞质	内含细胞器，大多数细胞活动发生的部位
农场和牧场 （生产线）	内质网	核糖体工作的地方
农民和牧场主 （生产线上的工人）	核糖体	制造蛋白质
包装公司 （精加工 / 包装部门）	高尔基体	完成蛋白质的最后加工和包装以及蛋白质的运输
回收 / 垃圾处理公司 （维修人员）	溶酶体	负责分解和吸收从外界进入细胞的物质
城市边界 （支撑物：墙壁、天花板、地板） （飞机骨架）	细胞壁	维持细胞形态
电力公司 （发电厂） （喷气发动机及燃油）	线粒体 / 叶绿体	将一种形式的能量转换成另一种形式
自来水厂 （自来水厂） （舱顶行李箱）	液泡	储存水分

步骤 4：创建——构建并使用模型的实践

学生将构建一个城市的原型，并使用关于城市和细胞的术语标记系统的各个部分。

步骤 5：测试与改进——获取、评价并交流信息的实践

原型是否有效？是否满足了需求？学生交流结果并获得反馈，然后分析并讨论哪里有效、哪里无效，以及哪里尚待改进。

表 8.5　LS1.A 课程评价环节数据收集表

问题	植物 / 动物细胞	城市 / 工厂	类比（飞机 / 学校）
当系统运作时，它可以完成什么工作？	产生蛋白质		
系统运作需要接受什么外界资源？	太阳能		
系统的产出（如果有产出的话）是什么？	蛋白质		
指出至少两个组分，它们必然相互作用系统才可以运作。描述这些组分是如何相互作用的。			
指出整个系统中存在的子系统			

评价

- 如何证明学生已经达到课程目标的要求？
- 评价应贯穿整个课程，包括课程结束时。

主张、证据、推理

城市、工厂或飞机的组分与生物的结构有何相似之处？这些组件如何相互作用，使城市、工厂或飞机成为一个系统？教师让学生使用从模型获得的证据来描述系统的组分及其相互作用。如果其中一个组分被移除，城市、工厂或飞机将会发生什么？让学生解释上述推理的过程。

终结性评价：请写下来！

让学生以“细胞就像________（如飞机、学校等）”为主题构造一个类比并加以解释，篇幅控制在 300 字左右。为了分层数学，学生可以利用课上做过的类比完成本作业，但应当有机会来构建一个新的类比，并将课堂上学到的细胞器功能与新的类比联系起来。这篇作文应解释是如何进行类比的，并至少指出这个系统的四个组分。描述每个组分的功能，同时说明每个组分对整个系统的贡献。提问学生以下问题：

- 系统的某个组分是否可以单独完成整个系统的工作？请具体解释。（答案会有所不同。学生应该认识到细胞器需要协同工作来产生蛋白质。）
- 如果系统中某个组分损坏，那么系统的功能将会如何变化呢？
- 在什么情况下把细胞看作一个系统会有助于研究？

评语示例

- 类比

作者提出了一个合适的类比，比较了细胞与另一个独立自足的系统的结构。这种比较包含了细胞中各种不同的细胞器，并通过对类比的解释将它们关联起来。选择的类比充满新意，体现了作者对细胞结构的理解。

- 文章结构

本文通过极具说服力的引言构建类比，之后的主体部分对类比进行详细阐述和解释，并以结论作为文章的收尾。文章开头、主体和结尾之间的过渡将段落连接起来。细胞结构的名称也得到强调。

- 解释

本文的基调是提供信息。作者用类比清楚地解释了细胞是如何运作的，并利用细胞结构来帮助阐明这一点。作者没有堆砌空洞的形容词而使文章丧失在细胞结构方面的科学性。相反，作者通过选择适当的词汇，详细阐述了细胞结构及其类比，可见作者的思路非常清晰。

小小蜘蛛结新网

生命科学　生态系统：相互作用、能量和动力学——生态系统中的相互依存关系（LS2.A）

教学概要：

随着气候变化的话题成为新闻头条，看来是时候将其纳入你的备课候选主题了。如果你准备为低年级学生授课，我们建议避免涉及气候政策相关的内容。但是对于高年级学生来说，这可能是一个引出相关知识的很好的契机。关于这个主题，许多课程的探究环节都是让学生去研究，这也是鼓励学生像专家一样自主探究的极好机会。我们只是为学生分享研究成果提供了一个基本的形式，但这部分内容有许多其他创新的形式可供选择。一些模拟软件，比如科罗拉多大学的 PHET 自然选择模拟软件，可以演示生活环境的变化是如何影响动物的体色的。

课例中的工程设计挑战不仅可以给学生带来很多乐趣，同时也为教师提供了一个绝佳机会，让他们可以在学生完成设计的过程中在各个小组间走动，并讨论引导问题。对于所有的工程设计挑战，重要的是给学生时间来进行测试并依照测试结果修改其设计，进而实现其设计的开发。与许多其他工程挑战类似，本次我们有意提供不够详尽的材料清单。我们发现，当学生可以选择或索取材料时，他们会更有创造力。一种可行的思路是让小组在挑战前一天列出可能需要的材料，给教师时间准备。

五年级结束时，学生应该知道：

几乎任何一种动物的食物都可以追溯到植物。食物网中的生物彼此相关，一些动物以植物为食，同时又是其他动物的食物。不管怎样，动物都是“消费者”。生物只有在能够满足其特殊需求的环境中方能生存。一个健康的生态系统中，多个不同种类的物种能够在一个相对稳定的生命网络中满足各自的需求。新引进的物种可能会破坏生态系统的平衡（NRC 2012，p. 152）。

八年级结束时，学生应该知道：

生物及其种群依赖于它们与环境的相互作用，其中包括了与其他生物因素的相互作用和与非生物因素的相互作用。生物的生长及其种群的增长受到可获取资源的限制。在任何生态系统中，对食物、水、氧气或其他资源有类似需求的生物和种群可能会为了争夺有限的资源而相互竞争，而有限的资源也会限制它们的生长和繁殖。类似地，捕食关系可能会减少生物的数量甚至消灭整个生物种群。相反，互利共生关系可能导致生物之间变得相互依赖，以至都需要对方才能生存。尽管在不同的生态系统中，处于竞争关系、捕食关系和互利共生关系的物种各不相同，但生物与其所在环境（包括生物因素和非生物因素）的相互作用模式是共通的（NRC 2012，p. 152）。

框架问题： 为获取物质与能量，生物是如何与其他生物以及非生物环境相互作用的？（LS2.A）

StEMT化问题： 如何设计一个能捕获多种昆虫的蜘蛛网？

维度 1： 实践（学生应该做什么？）

- 构建并使用模型
- 分析并解释数据
- 参与基于证据的论证
- 获取、评价并交流信息

维度 2： 跨学科概念

- 因果关系：机制和解释

凡事皆有原因——有时简单，有时复杂。科学研究的一项主要工作就是研究和解释因果关系及其作用机制。因果关系可以在给定的情境中进行检测，还可以在新的情境中用于预测和解释事件。

- 能量和物质：流动、循环和守恒

追踪能量和物质的流入、流出和在系统内部的流动，有助于学生理解系统的可能性和局限性。随着生物的生与死，物质在空气和土壤之间循环，在植物、动物和微生物之间循环。

- 系统和系统模型

对所研究的系统进行定义——明确其边界并建立清晰的系统模型，这为理解和检测适用于科学和工程的观点提供了工具。可以根据组分及组分之间的相互作用来描述系统。

维度 3：学科核心概念

由于同一物种或不同物种生物之间的，以及生物与非生物因素之间的相互依赖，生态系统处于变化之中。在任何一个生态系统中，无论是个体还是种群，生物之间的相互作用（如竞争、捕食和各种类型的促进作用，如授粉）会进一步影响它们的生长、生存和繁殖（NRC 2012，p. 151）。有时，同一物种个体间的特征差异会使某些个体在生存、寻找配偶和繁殖方面具有优势（LS4）。

教学时长：4 课时（45 分钟 / 课时）

材料：

白色北极狐、棕色北极狐、白靴兔的图片（投影图或卡片），极地气候带分布图，纱线 10 米，胶带 1 米，泡沫塑料包裹的花生，护目镜

安全须知：

1. 在组装、操作和拆卸环节，应佩戴个人防护装备（护目镜）。
2. 使用纱线时请小心（教师与学生有潜在的被绊倒的风险）。
3. 活动完成后要用肥皂和水洗手。

引导问题：生物如何适应气候变化（生物和非生物因素）？气候变化是如何导致生物死亡或迁移到新地方的？

错误概念：

- 食物是生长发育所需原料的来源，但不是能量的来源；动物无法将来自食物的分子储存到自身体内。

> 引入
> - 你会如何吸引学生的兴趣并揭示其错误概念?
> - 在引入环节后，学生应该问自己什么样的问题?

学生把关键问题写在他们的科学笔记本上，并对各种初步的想法进行头脑风暴，两人或多人分组讨论。教师在教室里走动，找出学生的错误概念，确定其先验知识。向学生展示在两个不同时期的北极狐（具有冬季和夏季的保护色）的照片。

提出诊断性问题，请学生小组讨论：

- 这些图片展示了什么？是同一种动物还是两种不同的动物？为什么图中的北极狐能有两种不同的外观？为什么冬季和夏季皮毛的不同对于适应环境是有益的？
- 其他动物是如何适应气候变化的？
- 为什么黑熊在北极或极地气候带难以生存？
- 既然极地地区具有最为极端的温度变化，那么受此影响动物应如何适应环境以生存下来？

- 生物和非生物因素如何影响生物的生存？

<table><tr><td>

探究

- 描述让学生体验该现象的动手活动。
- 列出与“大概念”相关的概念性问题，用这些问题来激发、聚焦学生的探究，并让学生验证其想法。

</td></tr></table>

许多北极动物对所在的环境具有极强的适应能力。北极狐、白靴兔和雪鸮在冬天和夏天的毛色完全不同，看起来像完全不同的动物。例如白靴兔的皮毛会从棕色变成白色，之后又变回棕色。当秋季或初冬开始下雪时，白靴兔开始长出一身崭新的浅色皮毛。当冬天降临时，它们的皮毛就会完全变成白色。这种颜色的变化有助于它们融入白雪中以躲避捕食者。春天，积雪融化，白靴兔又会重新长出棕色的皮毛。不宜让小学生接触与气候变化有关的政治议题。他们可以探究极地地区现在的状况，而不必讨论有关气候变化的不同观点。众所周知，许多冰盖正在融化，极地地区的环境正在发生改变。让学生说明极地动物的这种适应性是如何有益于其生存的。

两人一组研究极地气候。每个学生制作一幅有关极地动物栖息地的海报，其中包括极地冬季或夏季的树叶、降水和其他状况。最终，每组学生将会有一幅冬季海报和一幅夏季海报。海报完成后，把两人叫到一起。

- 问学生：“关于极地气候，你学到了什么？为什么北极狐换毛有助于其生存？”
- 让学生把剪好的白色白靴兔模型放在冬天的海报上。
- 问学生：“你认为这种生物为适应环境而进行的伪装，会帮助其在这样的环境中生存吗？为什么？”
- 让学生把剪好的棕色白靴兔模型放在夏天的海报上。
- 让学生对其他模型进行同样的操作，并讨论这些伪装是如何帮助或妨碍动物生存的。

解释

- 在你介绍、解释术语之前，应先让学生给出他们的解释。你会用什么问题或方法来帮助学生将他们的探究过程与所考查的概念联系起来呢？
- 列出高阶思维问题，用这些问题来引发学生的解释，帮助他们构建、论证其解释。

问学生：

- “每个季节白靴兔会出现怎样的适应性变化？为什么？”（相似之处：和北极狐一样，白靴兔或北极兔也会根据季节改变毛色。）
- “每个季节雪鸮会出现怎样的适应性变化？为什么？”（相似之处：像北极狐和白靴兔一样，雪鸮也会随着季节的变化改变毛色。）
- “每个季节熊会出现怎样的适应性变化？为什么？”（不同之处：熊不会改变皮毛的颜色。）
- “如果你是一只原产于佛罗里达的黑熊，你在北极能生存下来吗？”
- “如果一种生物不能适应环境，从而整个物种消失，这一现象被称为什么？”让学生列举已经灭绝（消失）的物种的例子。
- “生物是如何适应气候变化的？”
- “气候变化是如何导致生物死亡或迁移到新地方的？”

让学生更新对关键问题的回答。提醒学生利用从活动或研究中得到的证据来支持他们的主张。

精致

- 如何让学生对概念有更深入的理解？
- 将介绍哪些词汇？这些词汇如何与学生观察到的现象联系起来？
- 如何将这些知识应用于我们的日常生活？

让学生创建一个北极食物网的示意图，研究北极环境以及那里正在发生的环境变化，并在研究中调查一些生物（如北极熊）因气候变化而逐渐衰亡的原因。开设“迷路的飞蛾”课程，拓展有关适应环境变化的课程，这对应科学与工程实践（SEP）第一维度中的“参与基于证据的论证”。

> StEMT 化
> **科学：**在生态系统相互作用领域存在哪些现实问题与困难？
> **工程：**该 STEM 课程是由工程设计过程引导的吗？
> - 学生应当全身心投入到动手探究和开放式探究中。
> - 学生应当参与到富有成效的团队合作中。
>
> **数学：**该 STEM 课程是否严格应用了学生所学的数学和科学知识？
> **技术：**该 STEM 课程是否允许通过原型构建、测试和设计改进得到多个正确答案？鼓励学生监控自己的学习情况并评价其进步，必要时教师可以调整课程，并思考：“这样做有意义吗？”

StEMT 化问题： 如何设计一个能捕获多种昆虫的蜘蛛网？

步骤 1：提问——提出（科学）问题并明确（工程）难题的实践

要解决的难题是什么？需要设计什么？是为谁设计的？项目的要求是什么？有哪些限制条件？

某个地区的气候发生了变化，导致一些昆虫迁移，否则无法生存。这个地区的蜘蛛无法迁移。蜘蛛用网来捕捉食物，但由于其主要的食物来源已不复存在，它们面临着捕捉其他类型昆虫以弥补日常食物来源的缺失。

步骤 2：调研与设计——设计并实施探究的实践

学生通过合作的方式集思广益，提出尽可能多的解决方案。

1. 将两张桌子相距 30 厘米摆放。
2. 把活动材料发给各组学生。学生只能使用提供的材料。
3. 让学生制作一张网，这张网需接住一个从一米高度落下的、由泡沫塑料包裹的花生。此步骤模拟蜘蛛的正常捕食。

步骤 3：计划——构建解释并设计解决方案的实践

学生比较各种好的想法，选择一个解决方案，并制订计划实施这一解决方案。告诉学生环境已经发生改变，导致许多蜘蛛的猎物要么迁走，要么死亡。为了生存，蜘蛛必须能够捕捉许多不同种类的昆虫。向学生展示一个质量稍大、体积稍小的物体的下落。给学生展示更多物品。

步骤 4：创建——构建并使用模型的实践

学生将构建一个原型。学生将对网进行设计和改进，以捕捉猎物。如果网没有捕捉到代表蜘蛛新猎物的物体，那么对应的蜘蛛也就可能无法在新环境中存活。

步骤 5：测试与改进——获取、评价并交流信息的实践

原型是否有效？是否满足了需求？学生交流结果并获得反馈，然后分析并讨论哪里有效、哪里无效，以及哪里尚待改进。

评价

- 如何证明学生已经达到课程目标的要求？
- 评价应贯穿整个课程，包括课程结束时。

终结性评价：请写下来！

学生利用证据，为能够捕捉多种昆虫的网的最佳设计构建一个解释（主张）。同一物种个体间特征的差异是如何提供生存优势的？使用从探究和 StEMT 化环节（网的设计）收集到的数据来支持他们的主张。

咯咯哒，咯咯哒，辛苦的工作太烦啦

生命科学　生态系统：相互作用、能量和动力学——生态系统的动力学、功能与恢复能力（LS2.C）

教学概要：

一位教师曾给我们留言，告诉我们这是她一年来第一次百分百地投入到一节课当中。本课程在中学非常受欢迎，课上我们会涉及环境中存在的一些限制因素（生物和非生物的）。学生将通过一个游戏探究限制火鸡种群发展的因素，这部分内容是探究环节汇报的数据来源，也是一个让学生思考并利用种群数据进行数学建模的好机会。通常，这一课会通过文字资料顺势引入某一地区或本地物种入侵的实例作为课程的拓展。

课程的工程设计挑战是设计和建造一个按比例缩小的新防洪堤坝系统模型，该系统旨在保护城市免受飓风导致的水位升高的影响。为了让本活动更贴近现实，教师可以将这个情境改编为由于暴雨或高的融雪率导致的洪水等。在学生发展自己关于原型的想法时，我们应设法强调过程中的研究和计划。把研究和计划环节开展得尽可能细致，时间是唯一的限制。课程中还包含了对社会和经济因素的考虑。

五年级结束时，学生应该知道：

当环境发生变化，影响到某地的自然特征、温度或可获取的资源时，有些生物会存活下来并繁衍，有些生物会迁移到新的地方，有些生物会迁移到改变后的环境中，还有一些生物则会死亡（NRC 2012，p. 155）。

八年级结束时，学生应该知道：

自然界的生态系统是动态的，其特征随时间变化。生态系统中任何物质成分或生物成分的破坏都可能导致其中所有种群的变化。生物多样性（物种多样性）描述了生活在地球陆地、海洋等生态系统中的各个物种。生态系统中生物多样性的完善程度或完整性常常被用来衡量其健康状况（NRC 2012，p. 155）。

维度 1：　实践（学生应该做什么？）

- 构建并使用模型（通过游戏的形式使用仿真或模型，以演示真实生活中的事件，从而做出分析和预测）
- 分析并解释数据（识别种群变化的模式并做出推断，系统某一部分的微小变化可能会导致系统另一部分的巨大变化）
- 使用数学、信息技术和计算机技术，以及计算思维
- 参与基于证据的论证

维度 2：　跨学科概念

- 因果关系：机制和解释

凡事皆有原因——有时简单，有时复杂。科学研究的一项主要工作就是研究和解释因果关系及其作用机制。因果关系可以在给定的情境中进行检测，还可以在新的情境中用于预测和解释事件。

- 稳定和变化

自然系统和人工系统一样，系统稳定的条件、决定系统变化或演化速度的因素是研究的关键要素。系统某一部分的微小变化可能会导致系统另一部分的巨大变化。

维度 3：　学科核心概念

生态系统是动态的，其特征随时间变化，这取决于环境和各物种种群的变化。生态系统中物质成分或生物成分的破坏可以由各种各样的自然原因引起，并可能使系统中生物的数量和种类发生变化，可能使物种延续或灭绝，可能使物种迁入或迁出此区域，也可能会形成新的物种。例如森林中绿荫树的倒下，或者火山爆发等灾难性事件，都会带来变化。但许多变化是由人类活动引起的，

如资源开采、不良的土地利用模式、污染、引进外来物种和全球气候变化。物种的灭绝或新物种的进化可能发生，以应对生态系统的显著破坏。某种环境下的物种会发展出有助于它们在当前条件下生存的行为和生理模式，但当条件发生变化或新物种被引入时，这些模式可能就不再适用。物种繁多的生态系统，即生物多样性更为丰富的生态系统，往往比那些物种较少的生态系统更具恢复力（NRC 2012，p. 155）。

框架问题： 当环境改变时，生态系统会发生怎样的变化？（LS2.C）

StEMT 化问题： 作为城市的工程师团队，你们要如何设计一道坚固的屏障，既能在飓风来袭时防止洪水淹没城市，又能确保生物栖息地得到保护？

教学时长： 约 5 课时（50 分钟 / 课时）

材料：

“麻烦的火鸡”小组材料：两个骰子、“麻烦的火鸡”游戏表格、进一步阅读所需的文章（主题应集中于进入野外环境的外来物种）

“堤坝建造”小组材料：矩形塑料容器或盆、剪刀（用来在纸杯上戳洞）、10 枚游戏币（例如大富翁游戏里的游戏币）、沙或砾石（约 2 杯）、管道胶带（约 30 厘米长）、8—10 个棉球、一个塑料自封袋或方形保鲜膜、一块海绵、8—10 根木棒、8—10 根塑料吸管、一张纸板（如麦片盒）、小纸杯、用于检测的堤坝水源、护目镜、非乳胶手套、非乳胶围裙

安全须知：

1. 在组装、操作和拆卸环节，应佩戴个人防护装备（护目镜、手套和围裙）。
2. 活动完成后要用肥皂和水洗手。

引导问题：限制因素如何影响当地生态系统中种群的大小？

错误概念：

- 改变一个物种的种群规模可能不会影响生态系统，因为有些生物并不重要。
- 不同的物种在生态系统中共存，因为它们的需求和行为是相容的；它们需要和睦相处。

> 引入
> - 你会如何吸引学生的兴趣并揭示其错误概念?
> - 在引入环节后，学生应该问自己什么样的问题?

“栖息地变化”评估调查（Keeley 2007）是以预测调查的形式撰写的。该调查要求学生预测如果岛上的环境急剧变化导致所有的树蚁死亡，那么岛上的 divo 会受到怎样的影响（divo 是一种虚构的动物，生活在一个具有温暖气候的岛上，其食物来源是岛上的树蚁）。让学生“圈出岛上栖息地变化对大多数 divo 造成的影响”（Keeley 2007，p. 143）。每个干扰项都代表了学生对生物适应性普遍持有的错误概念。只有一个选项描述了科学概念。评估调查的第二部分要求学生解释其想法，即解释他们为什么认为栖息地的变化会对大多数 divo 产生那样的影响。上述形成性评估调查会引出学生对于生物个体是否可以有意改变其物理特征（皮毛的长度和厚度、牙齿或口器），或遗传行为（挖洞居住、在寒冷的天气中冬眠）以应对环境变化的观点。让学生分享观点，不要给学生太多反馈，可以以澄清观点为目的来进行转述。

探究

- 描述让学生体验该现象的动手活动。
- 列出与“大概念”相关的概念性问题，用这些问题来激发、聚焦学生的探究，并让学生验证其想法。

麻烦的火鸡

学生将扮演野生动物学家的角色，将一个新的动物物种（火鸡）引进到某地区。学生将模拟环境的变化，随着时间推移，环境的变化将影响火鸡的数量。他们将发现某些因素会导致火鸡的种群规模缩小，这些因素被称为限制因素。在本活动中，教师需打印“麻烦的火鸡”游戏表（表 8.6）。教师向学生说：“你见过野生的火鸡吗？你或你的家庭成员曾经狩猎过火鸡吗？今天，让我们玩一个名为‘麻烦的火鸡’的游戏。在这个游戏中，你将扮演一名研究火鸡的野生动物学家。”

表 8.6　LS2.C 课程探究环节游戏表

骰子的点数	事件	对种群的影响
2	房地产开发	人们需要建造房屋。很不幸，除了一对被送到当地动物园的火鸡外，所有火鸡都死了。更不幸的是，动物园中的两只火鸡都是雄性。
3	草原火灾	大火吞噬了一切！遗憾的是，只有 10 只火鸡存活了下来（无论你曾有多少只，现在必须从 10 只开始）。
4	温暖的冬天	增加 75 只火鸡（不管你开始时有多少只）。
5	狩猎季	如果火鸡种群数量少于 200 只，那么它们就是安全的，因为没有猎人会为了这么少的火鸡开车到这片区域。如果数量超过 200 只，那么有 70 只火鸡会被猎人杀死。如果数量恰好是 200 只，那么种群规模保持不变。
6	适合孵化的好天气	种群规模变为原来的 3 倍。
7	疾病	如果火鸡种群数量少于 300 只，那么 20 只火鸡会因疾病死去。如果数量超过 300 只， 那么 95 只会因疾病死去。如果数量恰好是 300 只，那么种群规模保持不变。

续表

骰子的点数	事件	对种群的影响
8	充足的食物	如果火鸡种群数量低于 500 只，那么种群规模翻倍。如果数量超过 500 只，那么会增长 100 只。
9	周围种植了玉米	如果火鸡种群数量这一轮开始时低于 99 只，那么种群规模将会增加两倍。如果数量达到 99 只或更多，农场主就会担心这些火鸡会吃掉过多的玉米，因而会去说服渔猎部门安排一个狩猎季。所以火鸡数量将减少 60 只。
10	土狼迁入	如果火鸡种群数量少于 99 只，那么只有 20 只会成为土狼的猎物，因为火鸡太分散了，无法为土狼提供每日的食物。如果火鸡数量大于等于 99 只，那么 50 只会被土狼吃掉。
11	温暖的夏天	种群规模翻倍。
12	山洪暴发	除了 10 只火鸡幸免于难外，其余的都死了。

你是一名效力于自然资源部的野生动物学家。自然资源部希望把一群火鸡引进到某个荒野保护区的狭长地带，观察它们是否可以在那里定居下来。在这个活动中，你将模拟能够影响火鸡种群规模的环境变化，并跟踪由于环境变化而导致的种群规模随时间的改变。

● 两人一组，合作完成。做一个合适的数据表，以记录每一轮游戏中收集到的数据。每个玩家必须记录掷出的点数、事件和种群规模的变化。

● 每组起始有 100 只火鸡。掷两枚骰子。根据总点数，结合游戏表来决定发生的事件。注意，投掷前种群的规模可能会影响事件的结果。

● 每组至少掷 20 轮骰子（除非种群灭绝）。确保在每一轮之后都记录下种群的信息。

● 绘制一个图表展示种群规模在每一轮的变化，每一轮代表一年。（想要表示事物随时间变化，哪种类型的图表更为合适呢？）

需小组讨论的问题：

1. 哪些生物因素影响了火鸡的数量？哪些非生物因素影响了火鸡的数量？

2. 哪一组因素（生物或非生物）对种群的规模影响更大？为什么？

3. 根据你绘制的图表，火鸡种群增长呈现怎样的模式？

4. 哪个限制因素对火鸡数量影响最大？证明你的观点。

5. 还有在这个游戏没有提到的其他限制因素会限制火鸡种群的增长吗？

6. 你认为本活动是否可以准确地模拟自然界种群规模实际的增加或减少？要想更加准确地表现自然界中种群规模真实变化的情况，如何改进这个模型呢？

所有生物种群对其生态系统都有一定的影响，无论是积极的还是消极的。描述火鸡种群如何影响当地的生态系统，包括可能与其他种群产生的各种互动。

解释

- 在你介绍、解释术语之前，应先让学生给出他们的解释。你会用什么问题或方法来帮助学生将他们的探究过程与所考查的概念联系起来呢？
- 列出高阶思维问题，用这些问题来引发学生的解释，帮助他们构建、论证其解释。

思考—配对—分享

向学生解释他们追踪了限制因素对火鸡种群数量的影响，然后让学生写出“限制因素”可能的定义。

问题

1. 是什么事件导致火鸡数量减少？
   - 把这些事件列在黑板上。
   - 引入术语“生物”和“非生物”。
   - 让学生两人或多人一组，把事件分为生物类和非生物类。
2. 还有哪些可能限制火鸡数量增长的因素没有出现在这个游戏中？
3. 哪个限制因素对火鸡数量的影响最大？为什么？
4. 野生动物学家会用什么方法来研究野生火鸡的数量？

5. 限制环境容纳量的因素如何影响动物的健康、数量和分布？

- 如何确定一个桶或篮子等的容量？
- 如何将桶的容量和生态系统的环境容纳量进行类比？
- 给生态系统环境容纳量下一个适当的定义。
- 学生分享各自给出的定义，教师提供反馈，并鼓励学生改进其定义。

6. 这些因素如何影响物种内部的竞争？

7. 为什么栖息地的生态平衡对动物很重要？

8. 野生动物数量是静态的，还是作为自然整体“平衡”的一部分而波动？自然是否真的处于“平衡”状态？或者说生态系统是否处于不断变化的过程中？

9. 是什么在控制种群规模的波动？

10. 如果引入捕食者（或猎物）会有什么影响？

精致

- 如何让学生对概念有更深入的理解？
- 将介绍哪些词汇？这些词汇如何与学生观察到的现象联系起来？
- 如何将这些知识应用于我们的日常生活？

如果将非本地种被引入到一个新的环境中，那么在这个环境里非本地种会与已经生活在那里的本地种发生竞争。

阅读

教师提供有关本地外来种的文章，让学生：

1. 根据文本特征（文章标题、章节标题、插图、图表等）预测文章主要内容。

2. 与同伴一起阅读这篇文章，找到描述外来种生存所需栖息地条件的信息，并在下面划线。

3. 在便利贴上写下（或者用字母“L”标记）可能限制外来种数量的因素。圈出（或者用字母“N”标记）不会限制外来种数量的因素。

教师可针对文章的内容增加关于外来种和限制因素的具体问题。

StEMT 化

科学：在野生动物管理领域存在哪些现实问题与困难？

工程：该 STEM 课程是由工程设计过程引导的吗？

- 学生应当全身心投入到动手探究和开放式探究中。
- 学生应当参与到富有成效的团队合作中。

数学：该 STEM 课程是否严格应用了学生所学的数学和科学知识？

技术：该 STEM 课程是否允许通过原型构建、测试和设计改进得到多个正确答案？鼓励学生监控自己的学习情况并评价其进步，必要时教师可以调整课程，并思考："这样做有意义吗？"

用堤坝保护城市

StEMT 化问题：作为城市的工程师团队，你们要如何设计一道坚固的屏障，既能在飓风来袭时防止洪水淹没城市，又能确保生物栖息地得到保护？

步骤 1：提问——提出（科学）问题并明确（工程）难题的实践

近几年春季，美国大河流域泛滥的洪水总会造成灾难性的破坏。当地政府拟在洪水最频发的河段附近修建堤坝来解决这一问题，并且有资金支持这一项目。土地规划局为堤坝设计提出了一系列备选方案，并将聘请一个工程师团队根据数据对最终设计提出建议，从而确定性价比最高的材料。除材料成本外，决策还必须考虑到每年的维护费用、完成堤坝的时间以及施工对当地社区的破坏程度等因素。为了加快决策，当地政府要求工程师团队为他们的提案设计一份建议书，其中必须包括每种材料的级别（1= 最好，4= 最差）排名，以及确定排名的过程。

建造一个新的堤坝系统可以维持湖泊或河流与城市之间的边界。现实中堤坝必须比海平面高出 5 米，并且足够宽，以阻止来自周围湖泊、河流或港口的洪水。原型必须至少有 13 厘米高且足够宽，以防止塑料容器一侧的水涌入容器的另一侧。教师给每个小组发放一个塑料容器，用来建造堤坝原型。每个小组将获得 10 枚游戏币，用于从批准的材料清单中购买建造堤坝的用品。每个小组需要回答以下问题：要解决的难题是什么？需要设计什么？是为谁设计的？项目的要求是什么？有哪些限制条件？

步骤 2：研究与设计——设计并实施探究的实践

学生通过合作的方式集思广益，提出尽可能多的解决方案。学生可以先研究一下现实中堤坝是如何建造的。然后，从清单中选择至少两种已批准的材料，并测试它们减缓水流的效果。在纸杯上钻一个小洞，把要测试的材料放在杯底。在另一个杯子里量出特定量的水。然后把水倒进有孔的杯子里，观察这种材料吸水的能力，记录观察结果。当工程师们集思广益时，他们会对很多有创意的想法持开放的态度——创意越多越好！小组成员一起讨论关于如何建造堤坝的想法，写下或画出每一个建议和讨论过的想法。教师给各小组提供准备好的问题（见下文）和第一组数据（表 8.7）。

表 8.7　LS2.C 课程 StEMT 化环节所需的第一组数据

公司	初始成本（元）	每年维护成本（元）	建造材料	工期	对当地社区的破坏程度
公司 A	3,000,000	2,000,000	木材	6 个月	中
公司 B	4,500,000	1,000,000	塑料	11 个月	低
公司 C	7,800,000	500,000	石头	12 个月	高
公司 D	6,200,000	500,000	混凝土	18 个月	高

学生将根据数据，以下列问题为指引，决定建造堤坝应选用什么材料。

- 当地政府想从你们这里得到什么解决方案？
- 当地政府希望你们考虑哪些因素？
- 建造哪种类型的堤坝成本最低？为什么这不一定是最好的选择？
- 什么类型的堤坝对当地社区造成的破坏最小？为什么这不一定是最好的选择？

步骤 3：计划——构建解释并设计解决方案的实践

学生比较各种好的想法，选择一个解决方案，并制订计划实施这一解决方案。学生回顾自己的想法，并以小组为单位选出最行之有效的方案。学生描述或简单画出自己的想法，并使用表 8.8 来决定将如何在材料上分配预算。

表 8.8　LS2.C 课程 StEMT 化环节预算表

批准的材料	售价	所需的数量	小计
一杯细沙或沙砾	1 枚游戏币		
五个棉花球	1 枚游戏币		
吸管	1 枚游戏币		
木棒	1 枚游戏币		
30 厘米胶带	2 枚游戏币		
一张纸板	2 枚游戏币		
一个塑料袋	2 枚游戏币		
一块海绵	2 枚游戏币		
共计			

学生设计一个选择最佳堤坝材料的决策流程，并对所有备选方案进行评级和排序（1 到 4）。学生使用各自的决策流程确定最佳的堤坝，并就每个备选方案的评级给出理由并解释。学生可以考虑以下问题：

- 如果不考虑成本，哪种材料最好？为什么？
- 如果不考虑对社区的影响（即所有类型的堤坝对当地社区造成的破坏都很小），应选择什么材料建造堤坝？为什么？
- 当考虑建造成本、维护成本、工期以及对当地社区造成的破坏程度等因素时，应如何确定修建堤坝的最佳材料？

问题升级

当地政府从环保组织获得了新的信息，堤坝的建设可能会对当地游钓鱼类造成影响。渔业是当地经济的重要组成部分，在筑堤时必须加以考虑。学生需要分析新的数据，包括建造堤坝将对游钓鱼类种群规模的影响。另一个需要考虑的因素是不同的堤坝类型会造成不同的水流速度。见表 8.9。

表 8.9　LS2.C 课程 StEMT 化环节所需的第二组数据

公司	初始成本（元）	每年维护成本（元）	建造材料	工期	对当地社区的破坏程度	下游游钓鱼类总数 *	流量 **
公司 A	3,000,000	2,000,000	木材	6 个月	中	100,000	非常高
公司 B	4,500,000	1,000,000	塑料	11 个月	低	36,000	低
公司 C	7,800,000	500,000	石头	12 个月	高	85,000	高
公司 D	6,200,000	500,000	混凝土	18 个月	高	13,000	非常低

* 指在建造这类堤坝后，游钓鱼类的总数。某些类型的堤坝建成后，会导致河中游钓鱼类的数量增多，而另一些类型的堤坝则会导致鱼类数量显著减少。

** 指有多少水能够流过堤坝。高流量意味着水仍然会流过堤坝，对堤坝另一侧的生态系统造成的破坏将会很小。低流量意味着流过堤坝的水量很少，但会造成更大的破坏（因为水源将会丧失）。然而，高流量意味着堤坝效率较低，而低流量则意味着堤坝效率较高。

各组学生需要集思广益，思考如何根据新的数据来确定建造堤坝的最佳材料。学生将：

- 设计一个可以根据新的数据选择最佳的堤坝材料的决策流程；
- 根据决策流程来选择最佳的堤坝材料，对所有备选方案进行评级和排序，并就每个评级给出理由和解释；

在获得第二组数据后，学生将对新数据进行解释，并确定他们最初选择的材料是否应该被用于筑堤。教师可以使用以下问题作为引导：

- 新数据如何改变你们对问题的看法？
- 你们最初设计的决策流程怎么样？
- 你们是否制订了新的策略来确定最佳的堤坝材料？
- 鉴于新的数据，你们是否推荐一种新的材料？
- 如果你们改变了建议的材料，那么是什么影响了你们的决定？你们是否使用了不止一种策略或流程来确定建造堤坝所需的最佳材料？

步骤 4：创建——构建并使用模型的实践

学生购买材料并建造堤坝的原型。在教师的帮助下，学生把水倒进容器的一边来测试堤坝，并描述发生了什么。

步骤 5：测试与改进——获取、评价并交流信息的实践

原型是否有效？是否满足了需求？学生交流结果并获得反馈，然后分析并讨论哪里有效、哪里无效，以及哪里尚待改进。

在测试原型之后，工程师们会考虑原型的运作效果，这有助于他们对原型进行改进，直至获得最终的现实版本。你最喜欢堤坝系统设计的哪一点？如果再建一次堤坝，你会如何改进堤坝系统？

学生应以小组为单位，介绍堤坝项目的成果及所做的改进。

学生应参与下列实践：

- 提出（科学）问题并明确（工程）难题的实践。学生将提出问题，明确难题，并预测解决方案 / 结果（SEP1；MP1）。
- 设计并实施探究的实践。学生将积极参与，并以小组合作的方式完成探究，测试问题的解决方案，并得出结论。运用理性和逻辑思维过程，使用有效的沟通技巧（听、说、写；SEP7，SEP8；MP3）。
- 构建解释并设计解决方案的实践。学生将设计、计划、开展探究以收集和整理数据（SEP3；MP1）。
- 构建并使用模型的实践。学生将通过构建解释、设计解决方案来获取、评价并交流信息（SEP8；MP3）。学生将构建和使用模型（SEP2；MP4）。
- 获取、评价并交流信息的实践。学生将分析并解释数据，得出结论，并将结论应用于新的情境中（SEP4；MP5）。在探究科学概念后掌握并应用科学词汇（SEP6；MP7）。

评价
• 如何证明学生已经达到课程目标的要求？ • 评价应贯穿整个课程，包括课程结束时。

终结性评价：请写下来！

让学生给客户写一封信，给出最终的建议。在信中，要详细说明给出的建议并证明其合理性。

表 8.10　LS2.C 课程终结性写作评分标准

内容	3	2	1
内容的准确性	这封信准确地描述了生态系统的三个限制因素，以及这些因素对当地游钓鱼类种群造成的影响。	这封信准确地描述了生态系统的三个限制因素。然而，在描述这些因素对当地游钓鱼类种群造成的影响时，出现了至少一个错误。	这封信准确地描述了生态系统的一个限制因素。其他限制因素要么描述得不准确，要么根本没有提到。同时还错误地描述了这些因素对当地游钓鱼类种群造成的影响。
支持主张的证据	该建议的证据十分清晰，有三个详细的解释支持作者的主张。	该建议的证据清晰，有一至两个详细的解释支持作者的主张。	仅仅提出了建议，但没有证据支持。
语法、拼写和文章结构	这封信在语法和拼写上没有错误，其结构和行文合乎逻辑。	这封信在语法或拼写上有一两个错误。虽然合乎逻辑，但各个观点之间却没有清晰的过渡。	这封信在语法或拼写上有三处或三处以上的错误。信的结构松散，各个观点之间没有过渡。

基因改造大作战

生命科学　遗传：性状的遗传（LS3.A）和变异（LS3.B）

教学概要：

想象一下忍者神龟遇到了 X 战警。基因改造大作战是遗传学课程后增加的一项工程设计挑战。根据学生的年级和课程目标的不同，学生可能需要一些有关染色体、等位基因、显性和隐性等术语的背景知识，可能还需要复习细胞分裂。在本课程的探究环节，学生两人一组从事先准备好的装有塑料珠子的袋中取出塑料珠。这种随机抽样让学生了解不同的性状是如何出现的，以及表达（显性）或不表达（隐性）的。在解释环节，课程介绍了基因型、表现型、纯合和杂合等术语，并将其应用于情境之中。请注意，本课程只关注简化的（显性或隐性）孟德尔遗传学，学生需要知道这是一个简化的遗传学模型。

对于遗传类课程，更传统的阐释方式是让学生观察他们从父母那里遗传来的性状，从而使课程与学生的经历关联起来。学生将测算出现这些潜在遗传特征的概率。StEMT 化活动是使用一个需要通过基因工程来解决的问题，要求学生创造一个能够完成任务的超级有机体。与现实世界中的大多数问题一样，基因工程可能会伴随一些牺牲，而且根据不同的听课对象，课上也可能出现伦理道德有关的话题。学生必须根据特定的参数和限制条件来决定哪些基因需要通过基因工程改造进行表达。我们提供了一个例子，但可能还有许多其他的问题，这些问题可以促进学生加深对性状的遗传和变异概念的进一步理解。我们强烈建议教师在设置任务时要有创造力，或者让学生发挥想象力来设置需要解决的任务。

五年级结束时，学生应该知道：

后代从其亲生父母那里获得了一系列的性状。不同种类的生物在外形和功能上各不相同，是因为它们拥有不同的遗传信息。对于同一种生物，其性状本身也存在变异，所以不同的生物个体可能具有不同的性状。环境也会影响生物的性状——生长环境或食性的不同可能会导致生物最终有不同的外观或行为。（NRC

2012，pp. 158，160）。

生物的许多特征都遗传自它们的亲本。其他特征来自个体与环境间的互动，涵盖从饮食到学习的众多方面。许多特征同时受到遗传和环境的影响（NRC 2012，p. 158）。

八年级结束时，学生应该知道：

在有性生殖的生物中，每一个亲本都给后代（随机）贡献了一半的基因。在二倍体生物中，每个细胞都具有两条同源染色体，因此每个基因都有两个等位基因，它们分别来自父方与母方。这些等位基因可能相同，也可能不同（NRC 2012，pp. 158，160）。

基因位于细胞的染色体上，每对染色体都含有众多不同基因的两个变体。一个基因主要控制一种特定蛋白质的产生，而这种蛋白质又影响个体的性状（例如人类皮肤的颜色是由控制黑色素产生的蛋白质作用形成的）。基因的变化（突变）可以导致蛋白质的变化，从而影响生物的结构和功能，进而改变性状。

框架问题： 一代人的特征与上一代人有什么关系（LS3.A）？为什么同一物种的不同个体在外观、功能和行为上存在差异(LS3.B)？

StEMT化问题： 为什么理解特定的遗传特征（基因型）以及它们的表现形式（表现型）对生物工程特别重要？在处理被基因工程改造过的生物时，如何将公众的担忧降到最低？

维度 1： 实践（学生应该做什么？）

- 构建并使用模型
- 分析并解释数据
- 构建解释并设计解决方案
- 参与基于证据的论证

维度 2：　跨学科概念

- 结构和功能

非生物或生物的形态及其基础结构决定了其许多性质和功能。复杂的微观结构和系统可以被可视化、被建模，并用来描述其功能对各组成部分间相互作用的依赖。

维度 3：　学科核心概念

- 性状的变异

同一物种个体之间的变异可以用遗传和环境因素来解释。一个物种内的个体有相似但不相同的基因。在有性生殖中，亲本和后代之间的性状差异源于后代遗传获得的特定染色体组（以及染色体上的多个基因），父本和母本分别贡献每对染色体中的一条。基因携带信息的变化（即突变）导致的变异则更为罕见。尽管基因控制着生物的一般特征，但 DNA 的其他部分和外部环境因素也可以改变个体特定的发育、外貌、行为和生育后代的可能性。基因变异的出现，以及基因与其环境的相互作用，决定了群体中变异性状的分布（NRC 2012，p. 160）。

教学时长：4—5 课时（50 分钟 / 课时）

材料：

每组 38 个棕色小号午餐袋，切成两半的烟斗通条（可用不同颜色的线替代），塑料珠子（塑料珠子的数量取决于班上学生人数）。将前四组塑料珠子混合，分别分装为两袋。在袋子上分别贴上“母亲”和“父亲”的标签。这类似于各个性状在自然界中发生的比率。

- 约 80 个红色珠子和 70 个紫色珠子（代表决定卷舌与否的等

位基因），贴上标签“卷舌”

- 约 100 个黑色珠子和 50 个白色珠子（代表决定睫毛长度的等位基因），贴上标签“睫毛长度”
- 约 90 个棕色珠子和 60 个绿色珠子（代表决定眼睛颜色的等位基因），贴上标签“眼睛颜色”
- 约 80 个橙色珠子和 70 个黄色珠子（代表决定耳垂形状的等位基因），贴上标签“耳垂”
- 粉色珠子和蓝色珠子代表性别

安全须知：

1. 使用尖锐物品（烟斗通条）时请小心，避免刺破或割伤皮肤。
2. 若塑料珠子掉落要立刻捡起来。
3. 活动完成后要用肥皂和水洗手。

引导问题：如何确定基因型和表现型？

错误概念：

- 女性遗传自母亲，男性遗传自父亲。
- 显性性状在人群中更容易出现。

> 引入
> - 你会如何吸引学生的兴趣并揭示其错误概念?
> - 在引入环节后，学生应该问自己什么样的问题?

展示一张全家福。学生两人一组按照“思考—配对—分享”的流程回答以下两个问题。向学生随机提问，促进讨论的进行。此时不要纠正错误概念。

- 你们有哪些特征与你们的母亲相似？哪些特征与父亲相似？

- 为什么你们长得不像你们双亲中与其性别相同的一方？

探究

- 描述让学生体验该现象的动手活动。
- 列出与“大概念”相关的概念性问题，用这些问题来激发、聚焦学生的探究，并让学生验证其想法。

给学生关于“染色体”“等位基因”“显性”“隐性”四个术语的提示。向学生解释他们将研究以下五种人类性状的遗传（可考虑展示每种性状特征的图片）。

- 卷舌：红色珠子代表显性，能卷舌（等位基因为 R）；紫色珠子代表隐性，不能卷舌（等位基因为 r）
- 睫毛：黑色珠子代表显性，长（等位基因为 L）；白色珠子代表隐性，短（等位基因为 l）
- 眼睛：棕色珠子代表显性，棕色（等位基因为 B）；绿色珠子代表隐性，绿色（等位基因为 b）
- 耳垂：橙色珠子代表显性，有耳垂（等位基因为 D）；黄色珠子代表隐性，无耳垂（等位基因为 d）
- 性别：一个粉色，一个蓝色（XY）代表父亲（男性）；两个粉色（XX）代表母亲（女性）

复习减数分裂以及配子的染色体数目。问学生：每个性状有多少个等位基因？它们来自哪里？解释前述的每种颜色珠子所代表的特征。说明字母的大小写很重要，因为大写代表了显性，小写代表了隐性。这将在稍后讨论。

学生两人一组，一个组员代表“母亲”，另一个代表“父亲”。让学生分别抽出“父亲”和“母亲”的卡片，以确定自己的身份。展示表 8.11 中每种颜色珠子所代表的性状。

- “母亲”从四个标有“母亲”的袋子中各选两颗珠子。每个袋子中选择的珠子代表四个性状之一的一对等位基因。“母亲”另外取两颗粉色珠子，代表女性的性染色体 XX。

- “父亲”从四个标有“父亲”的袋子中各选两颗珠子，并另外选择一颗粉色的珠子和一颗蓝色的珠子，代表男性的性染色体 XY。
- “父母”们在“基因型”一列下四个性状的栏中列出自己的等位基因组合，用双字母表示（表 8.11）。
- “母亲”把代表一种性状的两颗珠子放在午餐袋里，盲选一颗“送给”宝宝，其余每种性状也重复以上步骤。“父亲”也一样。
- 将选择的珠子用烟斗通条连在一起，以此代表婴儿的染色体。
- 学生在后代“基因型”一列中用双字母记录下后代的等位基因组合（表 8.11）。

表 8.11　LS2.A 和 LS3.B 课程探究环节数据采集表格

	父亲		母亲		后代	
性状	基因型	表现型	基因型	表现型	基因型	表现型
卷舌						
睫毛						
眼睛						
耳垂						
性别	XY	男性	XX	女性		

解释

- 在你介绍、解释术语之前，应先让学生给出他们的解释。你会用什么问题或方法来帮助学生将他们的探究过程与所考查的概念联系起来呢?
- 列出高阶思维问题，用这些问题来引发学生的解释，帮助他们构建、论证其解释。

学生通过分析探究环节来对现象进行解释，教师则通过科学术语来澄清和修正他们对现象的理解。教师提出以下诊断性问题，让学生小组讨论，然后把答案记录在科学笔记本上。

- 你笔记本上记录的字母组合代表什么？用什么术语来表示这些组合？这些成对出现的等位基因应该用什么术语来表示？
- 表示两个等位基因相同（AA 或 aa）的术语是什么？
- 表示两个等位基因不同（Aa）的术语是什么？
- 你的后代是否具有与父母完全相同的基因型（等位基因组合）？为什么？
- 如果存在一个显性等位基因（例如卷舌），那么后代将呈现什么表现型？在表格中写出每一个性状下，父母和后代的表现型。
- 后代和他们的父母有完全相同的表现型（外观）吗？为什么？基于以上事实，你认为"显性"是什么意思？
- 庞纳特方格被用来确定后代继承某些性状的概率（表 8.12）。亲本 A（棕色眼睛、纯合子）与亲本 B（绿色眼睛）眼睛颜色的基因型是什么？教师演示如何使用庞纳特方格来确定特定性状的基因型和表现型。
    - 将一个亲本的基因型写在图表的顶部。
    - 将另一个亲本的基因型写在图表的左侧。
    - 图表中每个方格都有来自父母双方的一个等位基因，代表后代获得某特定基因型的可能性。

表 8.12　LS3.A 和 LS3.B 课程使用的庞纳特方格示例

		亲本 A 基因型 BB	
		B	B
亲本 B 基因型 bb	b	Bb	Bb
	b	Bb	Bb

- 有棕色眼睛的后代会占多大比例？
- 有绿色眼睛的后代会占多大比例？

精致

- 如何让学生对概念有更深入的理解？
- 将介绍哪些词汇？这些词汇如何与学生观察到的现象联系起来？
- 如何将这些知识应用于我们的日常生活？

学生阐释并巩固其对概念的理解，并将概念应用于现实世界中，从而加深理解。同时，学生须在科学笔记本中展示他们的工作成果。

- 为父母的几个性状分别创建一个庞纳特方格。
- 对于每个性状，列出三种基因型和后代继承这些基因型的概率。
- 对于每个性状，列出两种表现型和后代继承这些表现型的概率。

> **StEMT 化**
>
> 科学：在基因工程领域存在哪些现实问题与困难？
>
> 工程：该 STEM 课程是由工程设计过程引导的吗？
>
> - 学生应当全身心投入到动手探究和开放式探究中。
> - 学生应当参与到富有成效的团队合作中。
>
> 数学：该 STEM 课程是否严格应用了学生所学的数学和科学知识？
>
> 技术：该 STEM 课程是否允许通过原型构建、测试和设计改进得到多个正确答案？鼓励学生监控自己的学习情况并评价其进步，必要时教师可以调整课程，并思考："这样做有意义吗？"

StEMT 化问题： 为什么理解特定的遗传特征（基因型）以及它们的表现形式（表现型）对生物工程特别重要？在处理被基因工程改造过的生物时，如何将公众的担忧降到最低？

步骤 1：提问——提出（科学）问题并明确（工程）难题的实践

要解决的难题是什么？需要设计什么？是为谁设计的？项目的要求是什么？有哪些限制条件？目标是什么？复习相关词汇（显性与隐性，纯合子与杂合子，基因型与表现型）。

科学家们发现了生活在海洋中层的有害厌氧菌，它们已经开始向深渊层迁移。因为深海区域的氧气非常少，所以在那里它们可以快速而不受控制地繁殖。这些细菌在光照下会发出一种甜甜的气味。让学生帮助遗传学家设计一个新物种。新物种可以在深海生存，并且在这种厌氧菌无法控制地繁殖之前大量消化掉这些细菌。但是这种生物本身不能繁殖，因为它是基因工程的产物。学生必须从生物 A、B、C 中选择两个亲本生物，两个亲本将产生一组等位基因组合，进而产生一种能够减少深海厌氧菌数量的生物。

步骤 2：研究与设计——设计并实施探究的实践

对于用以减少有害厌氧菌数量的基因工程生物来说，哪些性状是最重要的？每组从下列基因中选择性状和基因型，并说明选择的原因：

- 有生物荧光（B）和无生物荧光（b）
- 有视力（E）和无视力（e）
- 有听力（H）和无听力（h）
- 大嘴巴（M）和小嘴巴（m）
- 有嗅觉（S）和无嗅觉（s）
- 可育（Y）和不育（y）

步骤 3：计划——构建解释并设计解决方案的实践

亲本生物 A

具生物荧光：纯合显性

有视力：纯合显性

有听力：纯合显性

大嘴巴：纯合显性

有嗅觉：纯合显性

可育：纯合显性

亲本生物 B

具生物荧光：杂合子

有视力：杂合子

有听力：杂合子

大嘴巴：杂合子

有嗅觉：杂合子

可育：杂合子

亲本生物 C

具生物荧光：纯合隐性

有视力：纯合隐性

有听力：纯合隐性

大嘴巴：纯合隐性

有嗅觉：纯合隐性

可育：纯合隐性

你们的解决方案中需要包括选择的基因型及其对应亲本（A、B 或 C）的原因，以及团队确定选择的决策过程。

步骤 4：创建——构建并使用模型的实践

学生使用庞纳特方格来呈现两个选定的亲本的基因型，并写出新生物的等位基因组合，以及每种性状的表现型。问学生：

基于项目的要求，是否有替代的解决方案？为什么？

步骤 5：测试与改进——获取、评价并交流信息的实践

问学生：如果每个亲本生物都有两个，选择的性状会改变吗？

根据新的信息对基因工程生物进行测试、评价和修改（例如两个具有 A 基因型 / 表现型的亲本生物），并就每处修改给出理由。各小组应开始准备他们的展示报告。

学生应参与下列实践：

- 提出（科学）问题并明确（工程）难题的实践。学生将提出问题，明确难题，并预测解决方案 / 结果（SEP1；MP1）。
- 设计并实施探究的实践。学生将积极参与，并以小组合作的方式完成探究，测试问题的解决方案，并得出结论。运用理性和逻辑思维过程，使用有效的沟通技巧（听、说、写；SEP7，SEP8；MP3）。
- 构建解释并设计解决方案的实践。学生将设计、计划、开展探究以收集和整理数据（SEP3；MP1）。

- 构建并使用模型的实践。学生将构建和使用模型（庞纳特方格、图表和模拟）来描述基因从父母传给后代的因果关系以及由此产生的遗传变异（SEP2；MP4）。
- 获取、评价并交流信息的实践。学生将分析并解释数据，得出结论，并将结论应用于新的情境中（SEP4；MP5）。在探究科学概念后掌握并应用科学词汇（SEP6；MP7）。

> **评价**
> - 如何证明学生已经达到课程目标的要求?
> - 评价应贯穿整个课程，包括课程结束时。

学生应准备有关基因改造的展示报告，包括庞纳特方格，来解释其设计基因工程改造生物的决策过程。可以使用 RAFT（角色、受众、格式、任务）写作的模式。使用 RAFT 模式的一个示例是让报告的学生作为生物工程师，受众是请求帮助的遗传学家，格式是一篇科学论文，任务是选择两个亲本生物，进而得到最适合的基因工程改造的后代。学生可以使用包含有目标性状后代基因型和表现型的庞纳特方格以及对所选性状的论证，作为证据支持自己的主张（参见附录中的 CER 量表）。

终结性评价：请写下来！

为什么孩子长得不一定像父母双亲中与其性别相同的一方？让学生用从探究、解释和精致环节得到的证据来支持自己的观点。论述中要提供科学的数据并使用专业的术语。

神奇生物住哪里？

生命科学　生物进化：统一性和多样性——自然选择（LS4.B）

教学概要：

学生总是被长相奇特的动物所吸引，这些动物已经适应了与我们不同的生活环境。有关这些动物的课程的主要内容往往是调研或分类活动，而这样的活动在本质上是相当被动的过程。在我们的 StEMT 化拓展活动中，学生通过解决一个现实问题，积极地参与进来。他们将设计一个独立的区域（围场），在那里有一种特定的动物，动物有特定的需求，可以存活很长时间。我们列出了学生在设计围场时应该考虑的一些问题，当然教师可以给出更多的问题。我们的目标是通过给学生提出挑战来取代以往的被动式教学，让他们利用所学知识，或敦促他们做更多的调研，并要求他们思考对于某些具有特定适应性的物种来说，哪些特性是至关重要的。

在课上，学生既可以在纸上设计二维的围场模型，又可以基于教师提供的材料来建造三维模型。无论何种情况，教师都要不断提出问题，让学生考虑围场的方方面面，并思考其如何满足动物的需求。我们认为在设计过程中与同伴的分享也是非常重要的。学生为自己的设计而骄傲，他们想要分享自己的想法，这有助于巩固他们的知识结构。

五年级结束时，学生应该知道：

有时，同一物种的个体在特征上的差异为其在生存、寻找配偶和繁殖方面提供了优势（NRC 2012，p. 164）。

八年级结束时，学生应该知道：

种群中个体的遗传变异为一些个体在其所在环境中的生存和繁殖带来了优势。这就是所谓的自然选择，它导致种群体中某些性状占据优势，而另一些性状受到抑制。在人工选择中，人类可以通过选择育种来影响生物的某些特征。人们可以选择由基因决定的目标亲本性状，进而使亲本将目标性状传递给后代（NRC 2012，p. 164）。

框架问题： 生物的遗传变异如何影响其生存和繁殖？

StEMT 化问题： 为什么对科学家来说，了解特定种群的适应性很重要？为什么这些适应性对于生物在特定栖息地（围场）中的生存是至关重要的？

维度 1： 实践（学生应该做什么？）

- 构建解释并设计解决方案
- 参与基于证据的论证
- 获取、评价并交流信息

维度 2： 跨学科概念

- 因果关系：机制和解释

凡事皆有原因——有时简单，有时复杂。科学研究的一项主要工作就是研究和解释因果关系及其作用机制。因果关系可以在给定的情境中进行检测，还可以在新的情境中用于预测和解释事件。

- 结构和功能

非生物或生物的形态及其基础结构决定了其许多性质和功能。

维度 3： 学科核心概念

遗传变异导致一个物种中的个体具有一系列不同的特性。在一个特定的环境中，具有特定性状的个体可能比其他个体更容易生存并繁衍后代。这就是自然选择，它可能会导致某些遗传性状在种群中占优势，其他性状受到抑制。自然选择只有在群体内的遗传信息发生变异时才会发生，这种变异表现为个体在特定环境条件下生存和繁殖能力的差异。如果性状差异不会影响繁殖，那么自然选择就不会偏爱其中某一性状（NRC 2012）。

教学时长： 大约 5 课时（45 分钟 / 课时）

材料：

- 皇霸鹟、鹿豚、马岛獴、倭犰狳、非洲瞪羚、七鳃鳗、伊河海豚和鬃狼的图片（投影或每组一套）
- 生活在某些栖息地（沙漠、温带森林、苔原等）的动物图片
- 《大众科学》（*Popular Science*）杂志上关于臭虫进化的文章：《生命力顽强的新一代臭虫愈加难以杀死》（Borel 2011）

引导问题： 不同的动植物适应性是否存在差异？为什么？动植物有哪些适应性特征？这些适应性特征是如何帮助它们在特定的环境中生存的？如果某个动物不能适应其所在环境，会有什么后果？

错误概念：

- 个别生物可以有意识地产生新的遗传性状，因为它们需要这些性状才能生存。
- 由于某一特定性状被使用或废弃，生物种群的遗传特征随时间推移而变化。
- 即使是在很长一段时间内，某个物种体内物质的化学组成、外观和行为都不会改变。
- 环境的变化不会导致生活在该环境中物种的性状发生变化。

引入
• 你会如何吸引学生的兴趣并揭示其错误概念？ • 在引入环节后，学生应该问自己什么样的问题？

在美国，臭虫在沉寂了半个世纪之后，于 20 世纪 90 年代末卷土重来。在 20 世纪 50 年代，DDT 和其他杀虫剂的使用几乎消灭了这种害虫。于是科学家们假设，幸存下来的臭虫繁殖后代，并将其对杀虫剂的抵抗力传递给后代，这包括：更厚、更密、蜡状的外骨骼，这样的外骨骼能够阻挡杀虫剂中的化学物质；更快的新陈代谢来产生化学阻断剂，进而使杀虫剂变得不再有杀伤力（Borel 2011）。

问学生：什么是适应性？适应性是如何帮助生物生存的？

向学生展示当地动植物的图片。引导学生了解哪些身体特征或适应性有助于这些动植物在当地环境中生存。提出以下问题以引发讨论：

• 动植物如何适应环境从而生存下来？

• 为什么某一生物特征对生活在热带雨林中非常重要？同样的特征在沙漠中也有用吗？为什么？

让学生观察一些最不寻常的动物（如皇霸鹟、鹿豚、马岛獴、倭犰狳、非洲瞪羚、七鳃鳗、伊河海豚和鬃狼），并分组讨论这些动物最适应的环境类型及其原因。

• 哪种动物最不寻常？为什么？这种动物有哪些身体特征？这些适应性特征如何帮助它们生存？

• 这种动物最适合哪种环境？为什么？为什么不同栖息地的动物身体特征（适应性）各不相同？

探究
• 描述让学生体验该现象的动手活动。 • 列出与“大概念”相关的概念性问题，用这些问题来激发、聚焦学生的探究，并让学生验证其想法。

学生应知道世界上存在不同的气候带（极地、温带、热带）和不同的栖息地

（沙漠、苔原、草原、温带森林等），这些栖息地和气候具有不同的特征。让学生选择一种动物或植物，分组讨论以下问题：

- 这种动物或植物生活在什么气候中？它拥有怎样的适应性使之能够在这种环境中生存？
- 这种动物或植物在其生存环境中有哪些生存方式？
- 该生物的适应性是如何帮助它们生存和繁殖的？
- 生活在不同栖息地的动物或植物应如何适应环境才能生存？（教师展示生活在沙漠、苔原、草原、温带森林等栖息地的动物图片。）

解释

- 在你介绍、解释术语之前，应先让学生给出他们的解释。你会用什么问题或方法来帮助学生将他们的探究过程与所考查的概念联系起来呢？
- 列出高阶思维问题，用这些问题来引发学生的解释，帮助他们构建、论证其解释。

让学生对他们选择的动物或植物进行研究。对于每一种生物，学生需要识别四种适应性特征，并举例说明这些适应性是如何帮助它们在特定的栖息地或气候带生存的。让学生设计一张有关动物或植物适应性的海报，贴在教室外走廊的海报展板。

精致

- 如何让学生对概念有更深入的理解？
- 将介绍哪些词汇？这些词汇如何与学生观察到的现象联系起来？
- 如何将这些知识应用于我们的日常生活？

学生参加教室外走廊举办的海报展，了解其他同学对植物或动物的研究。海报展上，要求学生在他们的科学笔记本上做笔记，并提出以下引导问题：不同的动植物适应性是否存在差异？为什么？动植物有哪些适应性特征？这些适应性特征是如何帮助它们在特定的环境中生存的？如果某个动物不能适应其所在环境，会有什么后果？让学生比较海报展上出现的适应性。例如选择两三种生物并完成一个两个集合或三个集合的维恩图。

StEMT 化

科学： 在物种的适应性与生存领域存在哪些现实问题与困难？

工程： 该 STEM 课程是由工程设计过程引导的吗？

- 学生应当全身心投入到动手探究和开放式探究中。
- 学生应当参与到富有成效的团队合作中。

数学： 该 STEM 课程是否严格应用了学生所学的数学和科学知识？

技术： 该 STEM 课程是否允许通过原型构建、测试和设计改进得到多个正确答案？鼓励学生监控自己的学习情况并评价其进步，必要时教师可以调整课程，并思考："这样做有意义吗？"

StEMT 化问题： 为什么对科学家来说，了解特定种群的适应性很重要？为什么这些适应性对于生物在特定栖息地（围场）中的生存是至关重要的？

最近科学家发现了被认为已经灭绝的动物，在一所温室对其进行人工饲养繁殖。这些动物必须被隔离六个月，然后才能被送往当地动物园的栖息地进行人工饲养繁殖。学生利用其对动物生存所需适应性的知识，为动物设计一个有助于其适应和生存的动物园式的栖息地（围场）。学生分组讨论：什么是检疫隔离？为什么对来自不同国家的动物进行检疫隔离很重要？

步骤 1：提问——提出（科学）问题并明确（工程）难题的实践

要解决的难题是什么？需要设计什么？是为谁设计的？项目的要求是什么？有哪些限制条件？目标是什么？（借助表 8.13 和 8.14）

- 有哪些已知信息可以用来解决这个问题？可以利用的环境是怎样的？
- 在室内围栏或水族馆饲养的动物（以千克为单位）体型应该有多大？还有

什么其他特征可能会影响动物栖息地的选择？

- 在整个过程中最值得注意的事情是什么？上述步骤是否可以应用到一组新的动物身上？

步骤 2：研究与设计——设计并实施探究的实践

教师准备记录有动物特征的表格。学生根据温室内动物的身体特征（适应性）确定每种动物所需要的栖息地类型。学生要能够向其他小组解释把每种动物放在各自栖息地的原因。这样一来，如果有更多的动物从其他国家运抵当地动物园，就可以重复使用这个方法。根据小组讨论修改动物栖息地分配规则。

表 8.13　LS4.B 课程 StEMT 化活动表格

动物	体表覆盖物	颜色	足部	口部	运动方式	保护方式	食性	大小
1	厚重的皮毛	白色	覆毛，巨大而扁平	牙齿尖锐而锋利	行走、奔跑	锋利的牙齿和爪子	食肉动物	1,000 kg
2	光滑的皮毛	浅棕色	手状，较小	牙齿细小	攀爬、行走	在小型灌木中隐藏和攀爬	食草动物	23 g
3	光滑湿润的皮肤	绿色或棕色	有蹼	嘴巴大，颌骨上有隆起，没有牙齿	游泳	体表光滑，有毒	食肉动物，以水生动物为食	362 kg
4	又厚又硬的鳞片	蓝色或白色	宽而平，底部附着有鳞片	颌骨小，牙齿锋利	行走、奔跑	覆甲	杂食动物	2 kg
5	外骨骼	红色或紫色	爪	喙	飞行	锋利的喙和爪子，飞行	食肉动物	9 kg
6	外骨骼	橙色或褐棕	多毛	小	爬行、跳跃	螯刺	食草动物	1kg
7	鳞片	绿色	蹄	牙齿扁平	行走	逃跑	食草动物	114 kg
8	鳞片	银色或蓝色	无	牙齿小而尖锐	游泳	无	杂食动物	2.5 kg

表 8.14　LS4.B 课程 StEMT 化环节数据收集表

写上动物的编号，确定其所属的栖息地或围场类别				
栖息地类型	大型围栏区	封闭式户外区域（带有钢丝网屋顶）	室内笼子	水族馆
沙漠				
北极				
热带雨林				
温带森林				
草原				
沼泽				
淡水				

步骤 3：计划——构建解释并设计解决方案的实践

学生以小组形式讨论下列引导问题：

- 哪些特征使动物能够很好地适应各自的栖息地？长着厚重皮毛的动物能生活在沙漠里吗？为什么？皮肤光滑湿润的动物能在北极生存吗？为什么？
- 决定动物需要生活在大区域或是小区域的特征是什么？
- 为什么有的动物要关在室内，而有的动物要关在室外？
- 你为什么选择把动物放在特定的栖息地？这种动物可能生活在其他地方吗？描述栖息地如何与动物的适应性相匹配。
- 所有具有某种特征的动物都适合那种环境吗？为什么？

步骤 4：创建——构建并使用模型的实践

“生存边缘”（The EDGE of Existence）项目旨在宣传并保护那些独一无二的濒危物种。独立进化且全球濒危（Evolutionarily distinct and globally endangered，缩写为 EDGE）的物种几乎没有近亲，而且它们的外貌、生活和行为方式往往极为不同。这些独特的物种往往也处于灭绝的边缘。

学生两人一组，选择 EDGE 网站上收录的一种动物，对它的适应性进行研究，并根据其独特的适应性设计一个围场。解释围场如何与动物的适应性相匹配，以及围场所模拟的栖息地和气候。制作一则公益广告张贴在围场中，以唤起公众保护该物种的意识。

步骤 5：测试与改进——获取、评价并交流信息的实践

- 每种动物可能有不止一个栖息地吗？为什么？
- 上述建立栖息地的流程是否适用于所有具有相似特征的动物？为什么？

评价

- 如何证明学生已经达到课程目标的要求？
- 评价应贯穿整个课程，包括课程结束时。

学生应该能够根据动物的适应性来解释为什么某种动物属于某种栖息地。学生在班上展示其设计的相关物种的公益广告。学生对公益广告应该包括的内容进行头脑风暴，并最终达成一致的意见。同时学生讨论并明确公益广告的评分标准，这也激发了学生学习的主动性。

终结性评价：请写下来！

让学生解释为什么来自澳大利亚和西伯利亚的动物能适应不同的环境。学生描述自己最喜欢的动物，说明这种动物为什么能适应其栖息地。使用附录 A 中的 CER 量表，学生应该使用从探究和 StEMT 化环节获得的信息来证明自己的推理。

参考文献

American Association for the Advancement of Science (AAAS). 1993. *Benchmarks for science literacy*. New York: Oxford University Press.

Borel, B. 2011. New tougher bedbugs are harder than ever to kill. *Popular Science*.

Keeley, P. 2007. *Uncovering student ideas in science, Volume 2*. Arlington, VA: NSTA Press.

National Research Council (NRC). 2012. *A framework for K–12 science education: Practices, crosscutting concepts, and core ideas*. Washington, DC: National Academies Press.

第九章 物质科学 StEMT 课例

空气还是风，傻傻分不清

物质科学　物质的结构与特性（PS1.A）

教学概要：

人类生活在空气的海洋中，却经常忘记了空气的存在。空气是物质这一事实对于小孩子来说是一个难以理解的概念。我们所选择的课程中引入了一些备受喜爱的动手活动。从经典的三孔瓶活动开始，让学生参与其中，并引导他们思考空气产生改变的能力。强烈建议教师在课堂上进行这些演示（干冰和水瓶实验），学生一定会大吃一惊。探究环节让学生自制温度计，从而证明空气是物质并能够随着温度的升高而膨胀。在这一环节，我们通常会用一个咖啡机来加热水，以解决学生对热源的需求。高年级的学生能够做到使用为每个小组提供的热源来加热水，因此同样的活动可以在多种温度条件下进行。无论哪种情况，学生会注意到气球变大了，这表明空气可以作为力的来源。我们开展本活动收获的一个经验是不要让气球膨胀过大。同时，要确保有足够的时间使试管内的空气来影响附着在试管上的气球。

解释环节可以充分引入绘图技能。高年级的学生甚至可以基于收集到的数据，对数据进行插值和外推。同样也有许多机会来对其他重要的科学概念加以讨论。

工程设计挑战是为了让学生继续学习空气具备产生改变的能力（例如提供力）。依照教师的设想，这个活动可以简单，亦可以复杂。在制造风车时，可以选择让学生去购买所需的材料，从而在活动中涉及更多数学知识。科学知识一直都是在社会规范的框架内构建的，因此上述设计也能使课程与现实场景建立一定的关联。

在利用绳子绕着风车轴拉起重物的挑战中，物体的质量取决于所用的材料。我们通常会选择小质量的物体，以便学生成功完成挑战。如果时间充裕，可以进行一项有趣的拓展，即将提升的重物的质量作为挑战的一部分。这样就需要考虑风车的大小（周长），以保证测试的公正。同样，这项任务中也有很多机会能让学生参与到科学概念的实践中来。需要特别说明的是，对这个工程设计挑战而言，可以根据课程标准将条件改成用水提供动力。

五年级结束时，学生应该知道：

任何一种物质都可以被细分为肉眼不可见的粒子，但即使是细分成肉眼不可见的小粒子，物质仍然存在，并且可以通过其他方法（如通过称重或对其他物体的影响）来检测。例如一个模型显示气体是由物质粒子组成的，物质粒子小到看不见，但会在空间中自由移动。利用这个模型可以解释许多观察到的现象，包括气球的膨胀和不同的形状，空气对较大颗粒或物体的影响（如风中的树叶、悬浮在空气中的灰尘），在凝结的水蒸气、雾气中出现的肉眼可见的水滴，甚至可引申到云或喷气式飞机的尾迹。当物质的形态发生改变甚至看起来正在消失时（如糖的溶解、密闭容器中的蒸发），物质的量仍然是守恒的。多种特性（如硬度、反射率）的测量值可以用来识别特定的材料（NRC 2012）。

框架问题：　粒子是如何结合起来形成人们所观察到的各种物质的？

StEMT 化问题：　风车是如何工作的？风车是如何支持“物质无处不在并且可能会小到无法被肉眼观察”这一观点的？

维度 1：　实践（学生应该做什么？）

- 构建并使用模型
- 使用数学、信息技术和计算机技术，以及计算思维
- 构建解释并设计解决方案
- 参与基于证据的论证

维度 2：　跨学科概念

- 尺度、比例和数量

  在考虑现象时，关键的是要认识到在不同大小、时间和能量尺度上什么是相关的，以及尺度、比例和数量的变化如何影响系统的结构或行为。从非常小到非常大的物体都可以在自然界中找到。标准单位是用来测量和描述物理量的，如重量、时间、温度以及体积。学生建立模型来描述“物质是由小到看不见的粒子组成的”这一概念。
- 系统和系统模型

  对所研究的系统进行定义——明确其边界并建立清晰的系统模型，这为理解和检测适用于科学和工程的想法提供了工具。在科学中假定，自然界所有系统的模式都是始终如一的。

维度 3：　学科核心概念

现代科学仪器已经能提供证据支持原子存在的说法，但早年原子仅仅是一个假定的模型，它能够解释对物质的定性和定量观察（如布朗运动、化学反应中反应物和生成物的比例）。可以通过原子的类型、原子间及原子内部的相互作用来理解物质本身。可以基于物质中原子的类型、原子间的相互作用以及原子的运动来描述并预测物质的物态（固态、液态、气态或等离子态）、性质（如

硬度、电导率）和反应（物理的和化学的）（NRC 2012）。

错误概念：

- 体积越大的物体质量也越大。
- 质量即是重量。

教学时长：3—4 课时（45 分钟 / 课时）

材料：

教师材料：演示用的一小块干冰、9 英寸（22.86 厘米）的气球、冰、量筒、1,000 毫升烧杯、水气球、温度计、尺子、白板笔、用来加热的咖啡壶或微波炉（只需要将水加热至温水的程度，以减少烫伤的风险）

每班材料：吹风机或电风扇、用作重物的小物件（如玩具车、装有硬币的酸奶杯、茶包、电池和铅笔）

每组材料：一个两升塑料瓶、木棒、木勺、小木片（轻木木片）、可弯曲的电线、细绳、回形针、橡皮筋、牙签、铝箔、胶带、胶水、纸、硬纸板、保鲜膜、夹子、护目镜、非乳胶手套、非乳胶围裙

安全须知：

1. 在组装、操作和拆卸环节，应佩戴个人防护装备（护目镜、手套和围裙）。
2. 使用尖锐物品（牙签、夹子、金属丝等）时请小心，避免刺破或割伤皮肤。
3. 加热或者操作高温物品时务必小心，以免灼伤皮肤。
4. 使用电器（咖啡壶、微波炉等）时请小心，要远离水源以防触电。

5. 使用玻璃器皿时务必小心（可能会打碎和刺破皮肤）。
6. 戴上合适的干冰防护手套才可以接触干冰。进行干冰演示时，务必全程使用安全挡板。
7. 地板上有水时须立即擦干（有滑倒危险）。
8. 活动完成后要用肥皂和水洗手。

引入

- 你会如何吸引学生的兴趣并揭示其错误概念?
- 在引入环节后，学生应该问自己什么样的问题?

空气有质量吗? 气体有质量吗? 学生轮流发言，教师记录下学生的答案。此时教师不要纠正学生的错误概念。

干冰是固态的 CO_2，具有显而易见的质量。取约 40 克干冰，给学生展示干冰块的质量并做好记录，然后将其放入一个大的密封塑料垃圾袋中。干冰块将升华并膨胀，变成约 22 升的气体。再次询问学生气体是否有质量。

事先用加热过的回形针或小钉子在一个两升的塑料瓶子上沿直线打好三个相同大小的孔。三个孔间隔 4—5 厘米左右，从距瓶底约 4—5 厘米处开始，用胶带（约 18 厘米长）暂时沿垂直方向封住三个孔，然后把瓶子装满水，盖紧瓶盖，注意不要挤压瓶子。让学生两人一组讨论（思考—配对--分享），问学生：瓶子里有什么? 接受学生的各种答案，然后告诉学生胶带封住了三个小孔。

学生预测从顶部的孔开始依次撕下胶带时会发生什么，并对每次撕下胶带后产生的现象的原因提出假设（空气压力下的液体流动、平衡力和不平衡力、水的表面张力）。接下来，学生在科学笔记本上画出或写出他们预测会发生什么，以及之后实际发生了什么。

探究

- 描述让学生体验该现象的动手活动。
- 列出与“大概念”相关的概念性问题，用这些问题来激发、聚焦学生的探究，并让学生验证其想法。

学生将探究当压力保持恒定时，温度变化如何影响气球的体积。他们首先用体积测量中的替换法确定气球在室温下的水中的体积。具体而言，学生在烧杯上分别标记出装有气球和不装气球时的水位，水位之差就是气球的体积。然后学生再进行至少两次试验，一次用冷水，另一次用温水。此时教师提出与“大概念”相关的概念性问题以聚焦学生的探究：气球的体积是否与水温直接相关?

步骤

1. 把气球吹大到棒球大小。

2. 向一个 1,000 毫升的烧杯里倒入约一半的自来水，用白板笔在烧杯外侧水位线处做上记号。

3. 将气球完全浸入烧杯的水中并用夹子固定，保持 3 分钟。

4. 用单位为摄氏度的数字温度计测量水温，并将数值记录在数据收集表中。

5. 在烧杯的一侧标出第二条水位线，然后把气球拿开。

6. 将量筒注满水，并将水的体积记录为“初始体积”。

7. 将量筒中的水倒入烧杯中，直到第二条水位线（你可能需要加几次水，所以一定要记住加了多少水才能达到标记线）。一旦达到了这个标记线，就将量筒里剩余水的体积记录为“最终体积”。

8. 清空烧杯，擦去水位线标记。

9. 向烧杯倒入约四分之一的冰，然后加水至半满。

10. 重复步骤 3 到 8，进行冷水水浴。

11. 将烧杯装入约一半的水，将加热设备调至中火并加热约 5 分钟。

12. 重复步骤 3 到 8，进行温水水浴。

13. 为观察结果作图。

该活动的数据收集表见表 9.1。

表 9.1　PS1.A 课程探究环节数据收集表

数据	冷水水浴	室温	温水水浴
温度			
初始体积			
最终体积			
气球体积			

解释

- 在你介绍、解释术语之前，应先让学生给出他们的解释。你会用什么问题或方法来帮助学生将他们的探究过程与所考查的概念联系起来呢?
- 列出高阶思维问题，用这些问题来引发学生的解释，帮助他们构建、论证其解释。

向学生提出以下问题：

- 在测试过程中是否有额外的空气进入了气球?
- 气球里的空气必定发生的变化是什么?
- 是什么在向内压缩气球的体积？可以认为这是一个力吗?
- 气球里的空气在移动吗？为什么?
- 如果没有气球包裹着这些空气，它们会怎样?
- 气球吹爆时发生了什么？这跟吹起气球然后释放里面的空气有什么不同?
- 常用来形容流动的空气的词语有哪些?
- 气体温度和体积之间有怎样的联系?

让学生利用数据作图，并估计 97℃时气球的体积。

在学生的科学笔记本中，他们应该先画出气球里的空气发生了什么变化，然后再画出气球被吹爆时空气发生了什么变化。教师在教室里来回走动，以确保学生对“空气是由小到看不见的分子组成的”这一观点达成共识。

精致

- 如何让学生对概念有更深入的理解?
- 将介绍哪些词汇？这些词汇如何与学生观察到的现象联系起来?
- 如何将这些知识应用于我们的日常生活?

既然学生已经理解了空气是由小到看不见的分子组成的，这些分子在运动时会产生力，那么接下来学生需要找出流动的空气中有多大的力是可以被利用的。“流动的空气”又被称为“风”。

StEMT 化

科学：在清洁能源领域存在哪些现实问题与困难？

工程：该 STEM 课程是由工程设计过程引导的吗？

- 学生应当全身心投入到动手探究和开放式探究中。
- 学生应当参与到富有成效的团队合作中。

数学：该 STEM 课程是否严格应用了学生所学的数学和科学知识？

技术：该 STEM 课程是否允许通过原型构建、测试和设计改进得到多个正确答案？鼓励学生监控自己的学习情况并评价其进步，必要时教师可以调整课程，并思考：“这样做有意义吗？”

StEMT 化问题： 风车是如何工作的？风车是如何支持“物质无处不在并且可能会小到无法被肉眼观察”这一观点的？

步骤 1：提问——提出（科学）问题并明确（工程）难题的实践

要解决的难题是什么？需要设计什么？是为谁设计的？项目的要求是什么？有哪些限制条件？目标是什么？

向学生说明目标是利用日常用品组装一个可以转动的风车，风车的叶片必须能保持中速转动一分钟，同时缠绕在上面的绳子能够提起小物件，比如一个茶包。可以将测试风车能否拉起如硬币或垫圈等更重的物体作为一项额外的挑战。

步骤 2：研究与设计——设计并实施探究的实践

给学生提供一笔“预算”，他们需要“购买”教师提供的材料。为每个物品设定一个成本，平均下来每个小组能够购买至少 30 个材料。

步骤 3：计划——构建解释并设计解决方案的实践

学生讨论并制订风车组装计划。他们须在所需的材料上达成一致，写出或画出他们的计划，然后向全班展示。

步骤 4：创建——构建并使用模型的实践

接下来各小组执行各自的计划。学生可以要求跟教师交换或订购更多的材料，也可以与其他团队进行不限数量的材料交易，以便备齐理想的部件。学生需要确定设计的“成本”。模型效能需要同时考虑设计成本。

步骤 5：测试与改进——获取、评价并交流信息的实践

各小组利用电风扇或吹风机来测试他们的风车。教师可以考虑在组装阶段就提供电风扇，以便学生在组装时就可以测试风车。测试时，电风扇或吹风机都应与风车保持一米的距离，并在同样的风速（中挡）下运行。学生需要确保其风车能以这样的速度运转一分钟，并能用绳子把一个较轻的物体拉起来。学生应观看其他团队的测试，并观察不同团队设计的风车是如何工作的。

学生应参与下列实践：

• 构建解释并设计解决方案的实践。学生将设计、计划、开展探究以收集和整理数据（SEP3；MP1）。

• 构建并使用模型的实践。学生将通过构建解释、设计解决方案来获取、评价并交流信息（SEP8；MP3）。学生构建和使用用于模拟风车的模型。（SEP2；MP4）。

> **评价**
>
> - 如何证明学生已经达到课程目标的要求？
> - 评价应贯穿整个课程，包括课程结束时。

各小组向全班展示他们的风车，并回答以下问题：风车是否成功地将物体拉升到指定高度？如果没有，为什么会失败？如何才能改进最初的设计？为什么？

终结性评价：请写下来！

让学生描述风车原型是如何工作的，以及它是如何证明物质（空气）可能是由肉眼不可见但仍具有质量的粒子组成的。利用课程中探究环节或 StEMT 化环节获得的信息，为观点提供证据。撰写一份说明材料，解释上述证据是如何支持他们的观点的。

航空母舰弹射器

物质科学　运动与稳定：力与运动（PS2.A）

教学概要：

斜面和滑块是帮助学生理解牛顿定律基本原理的常用工具。虽然本课的探究活动是一个典型的针对牛顿第二定律的活动，但其他类似概念，如惯性和摩擦，也可以用相同的装置来研究。根据学生年级、课程标准的要求和学生能力的不同，教师对于工程设计挑战前的探究活动的选择也可能略有不同。当和学生一起完成本课程时，我们很高兴对科学实践（例如自变量、因变量和控制变量）进行了讨论。

工程设计挑战需要多次尝试，不同的尝试可以带来不同的结果。我们第一次尝试时对材料和构建方法进行了过多的控制。虽然这使学生的注意力更多地集中在牛顿定律如何主导物体的运动上，但无法兼顾学生与工程设计过程的交互。虽然让学生更加自主的确会花掉更多组装时间，但他们也会变得更具主动性。组装过程中教师和每个小组之间的讨论机会是非常宝贵的。教师可以问学生为什么一个设计会失败，并把对失败的讨论朝着对力的讨论加以引导，比如讨论摩擦力、平衡力和不平衡力。建议随机去掉部分活动材料以增加活动的难度，不管教师觉得被去掉的材料是否有用。不要限制学生。年轻科学家们经常会提出比预期更具创造性的设计，从而给我们带来惊喜。一旦我们认识到在材料方面不必给出过多限制，学生就会变得更有主动性，我们只要确保在小组之间走动并提出问题，学生的注意力就会一直集中在牛顿定律上。事实上，这会增加讨论的机会。例如如果学生的设计失败了，那么可以问他们失败的设计是如何与诸如摩擦力、平衡力和不平衡力等概念相关联的。

五年级结束时，学生应该知道：

作用在特定物体上的每一个力，既有大小又有方向。通常会有多个力作用在静止的物体上，但是这些力对物体的合力为零。可以对物体在各种情况下的运动模式进行观测；若之前的运动呈现出规律，可以依据此规律对之后的运动进行预测。

框架问题： 如何预测一个物体会持续运动，运动方式发生变化还是保持稳定？

StEMT 化问题： 如何为航空母舰设计一台弹射器，使其能以适当（安全）的速度发射不同质量的飞机？

维度 1： 实践（学生应该做什么？）

- 构建并使用模型
- 使用数学、信息技术和计算机技术，以及计算思维
- 设计并实施探究
- 构建解释并设计解决方案

维度 2： 跨学科概念

- 因果关系：机制和解释

因果关系通常被识别、检测出来并用于解释变化。学生将计划并实施探究，以获得平衡力与不平衡力影响物体运动的证据。

- 系统和系统模型

对所研究的系统进行定义——明确其边界并建立清晰的系统模型，这为理解和检测适用于科学和工程的想法提供了工具。可以利用模型来表示系统及系统间相互作用，并展现系统内的能量和物质流动。

维度 3： 学科核心概念

物体之间的相互作用可以用力的概念加以解释和预测。力可以使相互作用中的一个或多个物体的运动发生改变。可以用大小和方向来描述作用于特定物体上的某个力。可以测量力的大小，并比较其数值的大小（NRC 2012）。

教学时长：4—5 课时（45 分钟 / 课时）

材料：

每班材料：投影仪或实物投影机、天平、砝码

每组材料：胶带、米尺或卷尺、弹珠、斜面和滑块教具组件（可以用中间有凹槽的尺子和纸杯代替，活动前需要将纸杯纵向切掉一半，也可以准备一个单侧开口的牛奶纸盒）、计算器、一张坐标纸、12 枚硬币

每人材料：科学笔记本与铅笔、护目镜、手套、围裙

StEMT 材料：一张一米长的桌子、两个小钢夹或活页夹、一个用于装沙子的密封塑胶袋（下落时提供动力）、四个小号普通塑胶袋（抛射物）、数米结实的绳子、两杯沙子、三梁天平或电子秤、勺（舀沙子）、塑料杯（装沙子）、纸杯（制作辅助抛射物起飞的“发射杯”）、硬纸板或其他可以用来组装抛射支架的材料、用来当作斜面的光滑木板或复合板材（因为抛射物没有翅膀，不能产生升力，所以升力将由一个低矮斜面提供，以达到一定程度的垂直发射能力）①

安全须知：

1. 在组装、操作和拆卸环节，应佩戴个人防护装备（护日镜、手套和围裙）。
2. 若弹珠掉在地板上，请立即捡起。
3. 确保移除处于可能的飞行路线上的所有易碎物品。
4. 活动完成后要用肥皂和水洗手。

① 这个挑战可以在没有斜面的情况下完成。

引导问题：　平衡力和不平衡力对物体的运动有怎样的影响？

错误概念：

- 摩擦力只能使物体减速。
- 物体的自然状态是静止的；当物体静止的时候，不受力的作用。
- 力是由运动的物体产生的。
- 当力达到平衡的时候，物体不会运动。

引入

- 你会如何吸引学生的兴趣并揭示其错误概念？
- 在引入环节后，学生应该问自己什么样的问题？

教师向学生提问：为什么橄榄球队的中后卫要比四分卫或边锋更高大？为什么有些人会认为大型车比小型车更安全？什么是弹射器？它是如何工作的？

展示拔河场景，问学生：当力平衡时会发生什么？当力不平衡时会发生什么？是什么导致力的不平衡？对不平衡力会导致物体运动的改变进行解释。

探究

- 描述让学生体验该现象的动手活动。
- 列出与“大概念”相关的概念性问题，用这些问题来激发、聚焦学生的探究，并让学生验证其想法。

在实验开始前，确立以下准则：

- 所有组的实验都应当在指定的区域内进行。
- 每次试验时，都应确保滑块被放置在斜面末端。
- 应沿着斜面向下释放弹珠，而不是向下推。
- 记住要测量弹珠的质量和放置在滑块上的物体的质量。
- 每次试验开始前，都要重新检查装置。

如果用尺子和纸杯来代替斜面和滑块，那么让学生将尺子刻度为 4 厘米的地方搭在课本上，形成一个斜面。

教师分发材料。让学生小组讨论，该如何用一个实验来检验前面的引导问题。

在实验开始前，让各小组向全班汇报他们的想法，这样教师可以确保所有小组都没有偏离主题。对于如何完成实验，我们编写了一个实验步骤作为示例。只要学生遵循科学的步骤，他们就能以多种方式完成实验。

- 每种质量的弹珠都应当被轮流释放三次。
- 滑块（纸杯）每完成一次滑动，学生都应以毫米为单位记录从斜面末端到滑块(纸杯)前缘的距离。学生应将记录上述数据的数据表抄录到各自的科学笔记本上。
- 每项测试应至少重复三次，结果取平均值。
- 让学生在科学笔记本上绘制一个条形图，来表示弹珠在每一次击中滑块(纸杯）之前所走过的距离。
- 让一个小组汇报实验数据及条形图，利用投影仪向全班展示。与全班学生对结果进行讨论，并询问他们能否从数据中找出任何规律。
- 让学生将弹珠移动到斜面上更高或更低的位置使作用在滑块（纸杯）上的力增加或减少，收集滑块（纸杯）移动距离的数据。

数据收集表见表 9.2。

表 9.2　PS2.A 课程探究环节数据收集表

数量	质量（克）	试验 1（毫米）	试验 2（毫米）	试验 3（毫米）	试验 4（毫米）	试验 5（毫米）	试验 6（毫米）
1 块							
2 块							
4 块							
6 块							
8 块							

让学生分析数据：描出数据点并用直线拟合，以确定滑块（纸杯）移动的距离和滑块质量(纸杯中重物的数量)之间的关系。x 轴对应自变量，y 轴对应因变量。给数据图起一个描述性的标题。

图上还应包括坐标轴标签和单位。

- 数据图的标题是什么？
- x 轴的标签和单位是什么？ y 轴的标签和单位是什么？
- 为数据点拟合一条最佳的直线，并描述这条直线。
- 通过分析数据表和数据图中的数据，归纳出物体质量与其运动之间的关系。

绘制数据图的主要原因在于测试数据不可能是无限多的。通过绘制数据图，利用最佳拟合线对未经测试的数据进行预测，这种插值法能使我们“填补空白”。学生根据数据图来预测增加滑块的质量（纸杯中重物的数量）后滑块（纸杯）的移动距离（以毫米为单位）。学生应将最佳拟合线延长到最后一个数据点之后，以便对超出测试范围的数据进行外推或预测。

- 如果纸杯中的重物增加 10 块会发生什么？
- 是否存在一个最大距离，即不管增加多少质量，最远只能达到某个点？利用科学术语阐明你的答案。
- 作为一名科学家，你觉得外推和插值哪个更严谨？为什么？
- 如果不使用某种方法把杯子和重物固定住，杯子顶部的重物会掉下来吗？为什么？
- 实验中可能出现哪些误差？这些误差的潜在来源是什么？

解释

- 在你介绍、解释术语之前，应先让学生给出他们的解释。你会用什么问题或方法来帮助学生将他们的探究过程与所考查的概念联系起来呢？
- 列出高阶思维问题，用这些问题来引发学生的解释，帮助他们构建、论证其解释。

教师提出以下问题供小组讨论：

- 滑块质量是多少时滑得更远？为什么？（答案：物体的加速度取决于物体的质量和所受的力。因为我们保持力——弹珠的推力——不变，当滑块质量发生变化时，加速度就会随之发生改变。）
- 滑块质量是多少时无法滑动？为什么？（答案：当滑块受到的所有力达到

平衡时。）

- 移动弹珠和滑块的能量来自哪里？（答案：弹珠在斜面上的某一高度静止不动时，它在那个位置上储存了能量，这种能量被称为重力势能。当弹珠被释放时，势能转化为动能。当弹珠撞击滑块时，能量从弹珠转移到滑块，继而滑块开始移动。）
- 为什么我们要重复实验？（答案：为确保结果更精确。）
- 我们的问题是可验证的吗？实验是否提供了用于回答关键问题的数据？

让学生利用收集到的证据，撰写一个简短的段落回答引导问题——平衡力和不平衡力对物体的运动有怎样的影响？让学生解释实验的数据是如何支持或反驳其假设的。

精致

- 如何让学生对概念有更深入的理解？
- 将介绍哪些词汇？这些词汇如何与学生观察到的现象联系起来？
- 如何将这些知识应用于我们的日常生活？

让学生重复实验。学生应比较多次实验所得的结果，并讨论结果之间的异同，以及产生这些异同的原因。学生对牛顿第三定律的了解是如何帮助他们确定设计方案是否符合标准和约束条件的？问题的约束条件是如何影响设计中技术的使用的？

StEMT 化

科学：在运输以及利用质量和力的领域存在哪些现实问题与困难？

工程：该 STEM 课程是由工程设计过程引导的吗？

- 学生应当全身心投入到动手探究和开放式探究中。
- 学生应当参与到富有成效的团队合作中。

数学：该 STEM 课程是否严格应用了学生所学的数学和科学知识？

技术：该 STEM 课程是否允许通过原型构建、测试和设计改进得到多个正确答案？鼓励学生监控自己的学习情况并评价其进步，必要时教师可以调整课程，并思考："这样做有意义吗？"

StEMT 化问题：　如何为航空母舰设计一台弹射器，使其能以适当（安全）的速度发射不同质量的飞机？

步骤 1：提问——提出（科学）问题并明确（工程）难题的实践

要解决的难题是什么？需要设计什么？是为谁设计的？项目的要求是什么？有哪些限制条件？目标是什么？

学生将构建一个航空母舰的弹射器模型并对其进行测试。首先，教师给学生提供三个装有质量不等的沙子的袋子。学生需要确定将这些抛射物弹射到指定距离所需的力，这意味着弹射速度要能够使飞机升空且不损害飞机本身及机上人员。学生将建立一个数学模型来预测弹射不同质量飞机所需的力。当学生对自己建立的模型感到满意后，他们将获得第四个装有不同质量沙子的袋子，并进行弹射。他们必须使用所建立的数学模型来确定推动飞机起飞的力（向下落的沙袋中添加沙子的量）。

步骤 2：研究与设计——设计并实施探究的实践

学生通过合作的方式集思广益，提出尽可能多的解决方案。教师会给学生提供构建飞机弹射器的材料。

向学生解释一小袋沙子代表一架飞机的质量，从航母甲板上弹射的飞机并不都具有相同的质量。有些飞机小且快；另一些则很大，上面装满了燃料或补给物。弹射器装置必须适应飞机的质量。弹射得太快会损坏飞机，弹射得太慢则无法使飞机升空。

步骤 3：计划——构建解释并设计解决方案的实践

学生比较各种好的想法，选择一个解决方案，并制订计划实施这一解决方案。

步骤 4：创建——构建并使用模型的实践

学生将构建一个原型。

1. 在桌子的一端为学生提供一个短坡道。最好能把坡道的底部用胶带固定住，坡道的另一端用书或小木块支撑起来。

2. 首先学生需要组装抛射物支架，抛射物将从支架处被拉下斜面。为学生提供可供选择的各种材料。一旦学生选好了材料，在没有教师允许的情况下，不能用其他材料代替。

3. 学生将钢夹夹在绳子的两端。让学生自己决定需要多长的绳子。

4. 绳子悬挂在桌子的边缘，这样较大的沙袋就会下落，为抛射物提供动力。

5. 学生将三个袋子装满沙子作为抛射物。第一个质量为 10 克，第二个质量为 20 克，第三个质量为 40 克。将沙子装入袋子之后，将袋口扎紧并用胶带封住。裁掉袋子多余的部分到刚好高于胶带的位置，以使抛射物尺寸最小，从而获得最好的效果。

6. 在距离桌子发射端大约 3 米的地板上贴一条胶带，在距离桌子约 3.5 米的地方贴第二条胶带。

7. 给学生提供一大袋沙子作为动力来源。学生从中测量出第一次测试所需要的沙子的质量，并将沙子装入密封塑胶袋中。

8. 学生把提供动力的沙袋连接到挂在桌边的绳子上，并将“发射杯”拉上斜面。

9. 向“发射杯”中添加的沙子要能够为发射抛射物到指定距离提供合适的力（即抛射物落在两条胶带线之间，落在这个区间表示抛射物具有恰当的发射速度）。

10. 学生找出发射第一个抛射物次所需沙子的质量，然后重复上述步骤来发射另外两个质量不同的抛射物。

11. 学生从成功的发射中获取数据并将其标记在数据图上。

12. 学生选出拟合得最好的一条直线。

步骤 5：测试与改进——获取、评价并交流信息的实践

原型是否有效？是否满足了需求？学生交流结果并获得反馈，然后分析并讨论哪里有效、哪里无效，以及哪里尚待改进。

- 给学生提供第四种抛射物，质量为 50 克。
- 利用数据图上的最佳拟合线，学生可以预测要用多少力（悬挂多重的沙袋）才能将第四个抛射物发射到恰当的距离。

- 在这次测试中，每个小组有三次发射机会。抛射物到达两条胶带线之间，就代表发射成功。

数据收集表见表 9.3。

表 9.3　PS2.A 课程 StEMT 环节数据收集表

抛射物 1 质量（克）	提供动力的质量（克）	发射距离（厘米）	是否成功（是或否）	提供动力的质量需要改进多少？（克）
试验 1				
试验 2				
试验 3				
抛射物 2 质量（克）	提供动力的质量（克）	发射距离（厘米）	是否成功（是或否）	提供动力的质量需要改进多少？（克）
试验 1				
试验 2				
试验 3				
抛射物 3 质量（克）	提供动力的质量（克）	发射距离（厘米）	是否成功（是或否）	提供动力的质量需要改进多少？（克）
试验 1				
试验 2				
试验 3				

评价

- 如何证明学生已经达到课程目标的要求?
- 评价应贯穿整个课程，包括课程结束时。

学生应准备一场课堂展示报告，说明他们设计的优点和需要指出的局限性，以 CER 的形式说明他们的数学模型在进行预测方面的有效性。学生应恰当使用在课上学习到的词汇（例如力、质量、惯性）来解释弹射器的设计。

终结性评价：请写下来！

学生为一位潜在客户撰写一份正式的报告。该客户有兴趣订购新的发射机械设备及其数学模型，以用于其签约建造的新型军舰。

低温保鲜不能少

物质科学　能量——能量守恒与能量转移（PS3.B）

教学概要：

我们对本课程有着十分美好的回忆。正是本课程的一个版本促使我们走上了撰写本书的道路。我们州的 STEM 教研员想来我们学区听课，并拍摄 STEM 课程的视频。几通电话之后，我们在一间四年级的教室一连工作了几天。开发一个值得被记录并与同仁分享的 STEM 课例是件不容易的事。

本课程的重点是热传递，以及材料如何具有能够增加或减少流经它们的热量的特性。学生将测试不同的材料，看看哪一种是最好的隔热材料。他们利用一些简单的材料（泡沫板、硬纸板、卡纸板和铝箔等）作为隔热材料，测试其防止冰块融化的能力。[①]

引入环节从一个简单的课堂讨论开始，旨在让学生回顾先前的知识。探究环节从实验开始，学生会探究热是如何传递的，以及什么样的材料能够限制热的传递。如果学校地处阳光明媚的温暖气候区，可以考虑在室外开展本课程。反之，则可能需要某种加热灯具来作为热源。注意：每 3 分钟做一次观察有助于推进本课程的开展。教师尽量不要错过与各小组讨论涉及科学实践概念的机会，包括观察、记录数据和得出结论。作图也应该作为对材料进行初步探究的步骤之一。

工程设计挑战让学生使用在探究环节获得的信息来寻找问题的解决方案。我们虽然提供了一些参数作为指导，但是教师可以修改这些参数以满足自己的授课需求。实际上，学生是做一个能让冰尽可能长时间保持冷冻状态的容器。在整个活动中有很多机会引入数据分析和数据图绘制。我们曾在当地最具挑战性的一所学校教授本课，授课对象为四年级学生，他们在课上绘制了数据图。

除了上面分享的简易模型，实现本课程工程挑战的另一种思路是使用替代技术。可以考虑使用金属温度探针来代替冰块。只需将金属探针放入冰水中冷却，

① “融化”一般指冰、雪等受热变为水。固态物质受热变为液态，应称为“熔化”。“熔化”的概念更为宽泛。由于本课例主要介绍了水的物态转化，所以统一使用“融化”。

金属探针就会起到蓄热体的作用。不要将金属探针放入太大的盒子，设计一个刚好能容纳金属探针长度的盒子效果更好。实验过程非常快，需要学生每 30 秒对温度进行一次观察。上述方式收集到的数据颇具吸引力。有条件的教师请务必尝试。

我们也在前述的四年级课堂上使用了传感器。对于没有使用传感器经历的学生，我们本以为需要提供逐步的指导，但很快事实就证明这个想法是错误的。无论学生家庭条件如何，他们都不会对科技感到畏惧。我们选择来测试课程的学生都来自非常贫困的地区。使用了前述的两种课程设计方案后，我们发现两者都能很好地帮助学生理解热的传递，以及导热材料和隔热材料的相关知识。

五年级结束时，学生应该知道：

只要有运动的物体、声音、光或热，就有能量的存在。当物体碰撞时，能量可以从一个物体转移到另一个物体，从而改变它们的运动状态。在上述碰撞中，通常一部分能量也会转移到周围的空气中，结果空气被加热并产生声音。光也能把能量从一个地方转移到另一个地方，例如太阳辐射的能量通过光转移到地球。这种光被地球吸收后，会使地球上的土地、空气和水变得温暖，从而促进植物生长。能量也可以通过电流从一个地方转移到另一个地方，进而被利用并产生运动、声音、热或光。这些电流可能是通过将运动的能量转化为电能而产生的，例如流水驱动涡轮机转动发电（NRC 2012）。

框架问题： 能量守恒是什么意思？能量是如何在物体或系统之间进行转移的？

StEMT 化问题： 我们如何使易腐烂的物品保持足够低温从而处于冷冻状态？

维度 1： 实践（学生应该做什么？）

- 设计并实施探究
- 构建解释并设计解决方案

- 获取、评价并交流信息

维度 2: 跨学科概念

- 能量和物质：流动、循环和守恒

追踪能量和物质的流入、流出和在系统内部的流动，有助于学生理解系统的可能性和局限性。能量可以通过不同的方式在物体之间传递。

维度 3: 学科核心概念

一个系统能量的总体变化量恒等于该系统吸收或放出的总能量，这就是能量守恒。能量不会凭空产生也不会凭空消失，但它可以从一个地方转移到另一个地方，并在系统之间转移。能量也可以通过电流从一个地方转移到另一个地方。加热是另一种传递能量的过程。当两个物体或系统的温度不同时就会发生热传递。能量从温度较高的物体转移到温度较低的物体，从而使前者降温，后者升温（NRC 2012）。

教学时长: 4—5 课时（45 分钟 / 课时）

材料:

制冰盒或 20 毫升刻度杯、铝箔、气泡膜、硬纸板、泡沫板、黑色及白色美术纸、卤素灯或其他可以产生大量热量的强光灯）、小漏斗、250 毫升烧杯、50 毫升量筒、秒表或定时器、护目镜、围裙

安全须知：

1. 在组装、操作和拆卸环节，应佩戴个人防护装备（护目镜和围裙）。
2. 加热或者操作高温物品（热水等）时务必小心，以免灼伤皮肤。
3. 使用电器（卤素灯等）时请小心，要远离水源以防触电。
4. 使用玻璃器皿时务必小心（可能会打碎和刺破皮肤）。
5. 地板上有水时须立即擦干（有滑倒危险）。
6. 活动完成后要用肥皂和水洗手。

引导问题：热量会对水产生怎样的影响？

错误概念：

- 低温可以从一个物体传递给另一个物体。
- 物态变化（例如冰变为水）会生成新的物质。

> 引入
> - 你会如何吸引学生的兴趣并揭示其错误概念?
> - 在引入环节后，学生应该问自己什么样的问题?

让学生列出他们能找到水的地方，记录学生的答案，此时不要纠正错误概念。如果学生给出冰或水蒸气的例子，问学生它们是否仍然是水。介绍术语“状态”与“物态”。对固体、液体和气体进行定义。给每个学生一个装在塑料自封袋里的冰块，让学生思考如何在不把冰块从袋子里拿出来的情况下使其融化。学生创建一个数据表，记录尝试的方法和冰块完全融化所需的时间。问学生：冰块发生了怎样的变化？什么导致了冰块的融化？还有什么其他的方法可以让冰块融化?

探究

- 描述让学生体验该现象的动手活动。
- 列出与“大概念”相关的概念性问题，用这些问题来激发、聚焦学生的探究，并让学生验证其想法。

为每组学生提供一盒冰块或 7 个装有等量冰的 20 毫升刻度杯。各小组将观察托盘上或刻度杯中的冰块。学生将以表 9.4 为指导，在科学笔记本上记录他们的观察结果。

学生将用有关物态变化的知识来解释在用不同材料覆盖装有冰块的托盘或刻度杯时发生了什么。每一份记录并不会包含有关物态变化的所有术语。但是，学生必须使用与水的物态相关的正确的术语来记录结果。例如学生画了一个冰块的图，并将它标注为固体和凝固。

用同样大小的气泡膜、硬纸板、铝箔、黑色及白色美术纸和泡沫板覆盖装有冰块的托盘或刻度杯，将没有覆盖任何材料的冰块作为对照组。将样品置于卤素灯或直射的太阳光下，每隔 3 分钟观察材料里面冰的情况。观察间隔可以随热源的不同而灵活调整。活动的数据收集表见表 9.4。

表 9.4　PS3.B 课程数据收集表

试验	3 分钟	6 分钟	9 分钟
未被覆盖的冰			
气泡膜			
硬纸板			
铝箔			
黑色美术纸			
白色美术纸			
泡沫板			

向学生强调增加的热能不仅使冰迅速融化，而且其中一些可能已经变成气体并逃逸到空气中。如果我们通过加热把冰变成水、把水变成水蒸气，那么如何让气体变回液体呢？我们又怎样才能把液体变回固体呢？

步骤

为每组提供一个装有温水的泡沫塑料杯。让学生用保鲜膜盖住杯子的顶部，并用橡皮筋固定。给学生提供一个冰块并放在保鲜膜上。学生绘制一张图，并用固体、液体、气体，以及融化、凝固、沸腾、蒸发和凝结等术语进行标注。每一份记录并不会包含上述所有术语。但是，学生必须使用与水的物态相关的正确的术语来记录结果。例如学生画了蒸汽的图，并将其标注为气体和蒸发。让学生在他们的科学笔记本上回答以下问题：

- 什么时候会出现固体 / 液体 / 气体？
- 覆盖在冰上的材料如何影响了其融化速度？
- 如果某物质的外观发生了改变，但仍然是同一物质，这被称为物理变化。当我们将水加热或冷却时，发生了什么变化？为什么？
- 冰是由什么组成的？冰还是水吗？
- 当我们加热冰时，发生了什么？那还是水吗？
- 当我们打开锅，看到盖子上有水珠，那是水吗？

解释

- 在你介绍、解释术语之前，应先让学生给出他们的解释。你会用什么问题或方法来帮助学生将他们的探究过程与所考查的概念联系起来呢？
- 列出高阶思维问题，用这些问题来引发学生的解释，帮助他们构建、论证其解释。

让学生在纸上按照不同材料防止冰融化的能力，从好到差对材料进行排序。学生在教室走廊举办海报展，以此方式来比较各自的结果。向学生提出以下问题供小组讨论：

- 从冰融化的数据中我们可以发现什么？
- 什么材料防止冰融化的效果最好？
- 隔热效果好的材料有什么共同点？
- 是否有人使用了相同的材料，但得到了不同的结果？原因是什么？

- 科学家为什么要互相分享自己的研究结果？

让学生绘制一个关于沸腾、融化、凝结、蒸发和凝固的流程图。根据图上各个术语的相对位置，在箭头上标注“吸热”或“放热”。让学生制作一本折页书（将一张美术纸反复折叠，并将纸的正面分成五个部分），将凝结、凝固、沸腾、蒸发和融化分别画在折页上，并在背面对应写下每个术语指代的水的变化。

精致

- 如何让学生对概念有更深入的理解？
- 将介绍哪些词汇？这些词汇如何与学生观察到的现象联系起来？
- 如何将这些知识应用于我们的日常生活？

让学生估计冰块在室温、阳光下、冷藏箱或冰箱中融化所需的时间。如果时间允许，可以请学生提出其他场景，并通过实验来探究这些场景下冰块融化所需的时间。

StEMT 化

科学：在食品安全领域存在哪些现实问题与困难？

工程：该 STEM 课程是由工程设计过程引导的吗？

- 学生应当全身心投入到动手探究和开放式探究中。
- 学生应当参与到富有成效的团队合作中。

数学：该 STEM 课程是否严格应用了学生所学的数学和科学知识？

技术：该 STEM 课程是否允许通过原型构建、测试和设计改进得到多个正确答案？鼓励学生监控自己的学习情况并评价其进步，必要时教师可以调整课程，并思考：“这样做有意义吗？”

StEMT 化问题： 我们如何使易腐烂的物品保持足够低温从而处于冷冻状态？

步骤 1：提问——提出（科学）问题并明确（工程）难题的实践

要解决的难题是什么？需要设计什么？是为谁设计的？项目的要求是什么？有哪些限制条件？目标是什么？

世界上许多地方，没有条件配备制冷设备。还有一些地方由于地处偏远，去往那里需要花费很多天的时间。而许多食物在食用前必须冷冻。要把冷冻食品运送到这些地方，关键是要有能限制热量进入包装的容器。在欠发达地区，成本的控制也非常重要。考虑到上述限制条件，如何设计一个低成本但高效的隔热包装？

步骤 2：研究与设计——设计并实施探究的实践

学生通过合作的方式集思广益，提出尽可能多的解决方案。

教师向学生解释，在实验中冰以不同速率融化，是因为冰和热源之间的材料起到了隔热的作用。隔热材料限制了通过的能量（即热）。通过观察，学生会注意到相比于某些材料，另一些材料更适合做隔热材料。好的隔热材料保持冰长时间不融化，而差的隔热材料会使冰融化得更快。

让学生在科学笔记本中记录他们有关以下问题的发现：

- 哪种材料对冰融化时间的影响最大？
- 哪种材料的隔热效果最差，能让冰快速融化？
- 冰融化后变成水。有哪些材料是不耐潮的？
- 有什么方法可以防止不耐潮的材料因为冰的融化而变潮？
- 在被测试的材料中，是否有能够防止其他材料变潮的材料，而用其制作成容器来盛放冰块的话会影响到材料的强度？

为了这次的工程设计挑战，教师需要将装满 15 毫升水的刻度杯冷冻过夜。

学生将面临一项工程设计挑战，他们需要设计、构建和检测一个盛放冷冻食品的容器。

容器由 10 × 10 × 10 厘米大小的泡沫板构成。它需要有一个能打开的侧门，以便将冰块样品放入。容器的每一面不能超过三层，每一层由不同的材料构成。用强力胶带或封口胶带把相邻的两个面固定在一起。在容器的底部应该留有一个小洞，来放置漏斗的导出管。给学生提供制作 10 × 10 × 10 厘米冷冻食品容器的材料：硬纸板、气泡膜、铝箔、黑色及白色美术纸和泡沫板。

步骤 3：计划——构建解释并设计解决方案的实践

学生比较各种好的想法，选择一个解决方案，并制订计划实施这一解决方案。

步骤 4：创建——构建并使用模型的实践

学生将构建一个原型。

采用泡沫板来制作立方体容器。其他材料可以置于容器外侧，也可以置于内侧。在这个工程设计挑战中，只能更换泡沫板箱以外的材料。

1. 在容器的下面放置一个 500 毫升的烧杯，用来收集流出的水并支撑容器。
2. 将刻度杯中的冰块倒入漏斗内，并将漏斗插入盒子底部的小洞。
3. 用一小块封口胶带封住容器的侧门。
4. 将容器放在金属网上，使容器中刻度杯所在位置完全位于金属网覆盖面积之内。
5. 安装好装置后打开热源，同时启动计时器。

步骤 5：测试与改进——获取、评价并交流信息的实践

原型是否有效？是否满足了需求？学生交流结果并获得反馈，然后分析并讨论哪里有效、哪里无效，以及哪里尚待改进。

1. 仔细观察冰融化成水的过程。水将流入烧杯。当不再有水从容器中滴入烧杯或容器下方烧杯中已收集到目标水量时，停止计时器。
2. 继续使用工程设计过程来改进容器。

学生应参与下列实践：

- 设计并实施探究的实践。学生将积极参与，并以小组合作的方式完成探究，测试问题的解决方案，并得出结论。运用理性和逻辑思维过程，使用有效的沟通技巧（听、说、写；SEP7，SEP8；MP3）。
- 构建解释并设计解决方案的实践。学生将设计、计划、开展探究以收集和整理数据（SEP3；MP1）。
- 获取、评价并交流信息的实践。学生将分析并解释数据，得出结论，并将结论应用于新的情境中（SEP4；MP5）。在探究科学概念后掌握并应用科学词汇

（SEP6；MP7）。

评价

- 如何证明学生已经达到课程目标的要求？
- 评价应贯穿整个课程，包括课程结束时。

教师不断问自己：

- 学生是否理解了固体、液体和气体？
- 学生是否理解了什么是物理变化？
- 学生是否理解了不同物态的水本质上是相同的？
- 学生是否能解释冰的融化，水蒸气的凝结和蒸发，水的沸腾和凝固？

终结性评价：请写下来！

完成设计后，学生将对制作制冷容器模型的最佳材料提出各自的主张。他们将利用在实验期间收集到的证据来说明，为什么自己的设计方案是恰当的。在整个“主张、证据、推理”过程中，学生应使用与此活动相关的术语，如融化、凝结、蒸发、沸腾和凝固。

弹起我心爱的小乐器

物质科学　波及其在信息传输技术中的应用——波的特性（PS4.A）

教学概要：

对于大多数概念而言，仅凭一堂课无法保证学生对其有深刻的理解。波这个概念就是一个很好的例子，因为可能需要用数周的时间才能使学生深刻地理解该主题。在展示课上，我们聚焦在波这一大概念中的一部分，即音调。这个概念看起来很简单，但学生理解起来却很吃力，尤其是当对于什么在振动这一视角发生变化时。

最常见的用来演示音调的活动之一，就是让学生将一把塑料尺一端伸出桌子边缘，让他们的同伴去拨动尺子。学生可以注意（看）到，当尺子伸出桌子边缘的长度发生变化时，尺子振动的快慢也在变化。除了尺子拍打桌子的声音，学生还能听到什么？由于尺子振动发出的声音比其他声音更加嘈杂，学生很难将其与音调联系起来。基于这样的原因，我们决定不把上述的塑料尺实验作为这堂课的引入活动。如果你想在引入活动中使用塑料尺，须注意尺子与音调的视觉联系比听觉联系要强。

我们的课从装有不同体积水的玻璃瓶开始。教师要协助学生记录水面到玻璃瓶口的距离，不要为了提高本课其他环节的效果，就急于解释与声音这一特性有关的各种知识。我们选择在探究环节使用橡皮筋，因为橡皮筋能够演示音调的高低并发出清晰的声音。如果想要获得更大的声响，教师可以考虑让学生在一个小盒子或小杯子上来完成探究环节，这会帮助学生听到音调的变化。为了减少橡皮筋在教室里四处乱飞或弹到小组成员手上的情况，我们采用了一个十分简单的办法：让学生缩短橡皮筋振动部分的长度。另一个办法是把橡皮筋绕在鞋盒或其他小盒子上，让学生捏住被拉长橡皮筋的特定位置。无论使用哪种方法，都能达到相同的目的。

学生观察了橡皮筋的振动和玻璃瓶中的空气发出的声音之后，就可以开始制作能够匹配特定音调的乐器了。音调匹配概念的提出是为了让学生在不同场景中都能把音调和长度联系起来。如何选择音调并不重要：你可以要求学生匹配一个音调、几个音调或一首熟悉的歌曲。

二年级结束时，学生应该知道：

声音能使物体振动，振动的物体能发出声音（NRC 2012，p. 132）。

五年级结束时，学生应该知道：

相同类型的波可能在振幅（波的高度）和波长（波峰之间的距离）上有所不同。当波相交时，它们可以相互叠加或抵消，这取决于它们的相对相位，但它们本身不会彼此影响（NRC 2012，p. 132）。

框架问题：波有哪些特性和行为？

StEMT化问题：如何利用波长和音调的知识来设计能够发出特定音调的乐器？

维度 1：实践（学生应该做什么？）

- 构建并使用模型
- 设计并实施探究
- 构建解释并设计解决方案

维度 2：跨学科概念

- 模式

观察到的形式和事件的模式可以指导组织和分类，并促使提出关于事物间关系及其影响因素的问题。学生建立波的模型来描述振幅和波长的模式，并展示波可以使物体移动。

维度 3：　学科核心概念

简单波的波长、频率和振幅具有特定的重复模式（NRC 2012, p. 131）。见图 9.1。

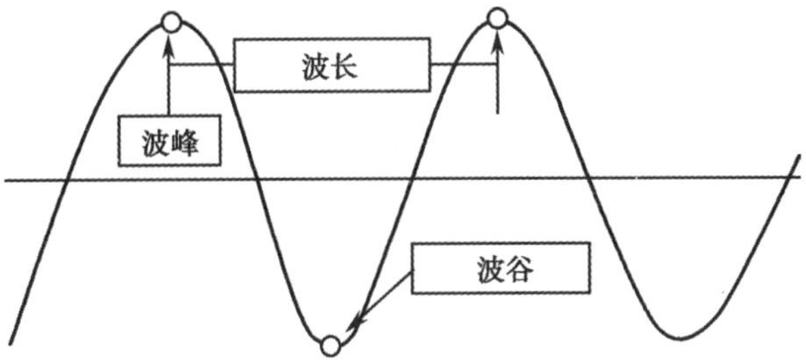

图 9.1　波的性质

教学时长：　4—5 课时（45 分钟 / 课时）

材料：

教师材料：五个相同的容器（瓶子、罐子或水杯）

小组材料：一根细橡皮筋、三支铅笔、金属匙或小刀、一小段胶带（约 20 厘米）

StEMT 材料：细绳或弦、木棍、橡皮筋、鞋盒、吸管（教师向学生演示如何在吸管末端剪出发声结构）、瓶子、水（根据实际需要）、护目镜

安全须知：

1. 在组装、操作和拆卸环节，应佩戴个人防护装备（护目镜）。
2. 地板上有水时须立即擦干（有滑倒危险）。
3. 使用玻璃器皿时务必小心（可能会打碎和刺破皮肤）。
4. 活动完成后要用肥皂和水洗手。

引导问题：物体的运动（振动）是如何影响声音（音调）的？

错误概念：

- 声音的音调即音量。（正确理解：音量是指声音的大小，音调则取决于振动速度的快慢）
- 音叉的音调会随着时间的推移而降低。（正确理解：音调取决于音叉的长度，即使音量可能会改变，但音调不会）

引入
• 你会如何吸引学生的兴趣并揭示其错误概念？ • 在引入环节后，学生应该问自己什么样的问题？

将五个装有不同体积水的容器放在桌子上，并向学生提问：敲打时它们是否会发出声音？学生应该会回答："是的！"让学生预测哪个容器发出的声音音调最高，哪个音调最低。

用金属勺或刀敲击容器使其振动。引导学生听到水最少的容器音调最高，水最多的容器音调最低。全班一起将容器的音调按照从低到高的顺序排序。

向学生提问：物体的运动（振动）是如何影响声音（音调）的？让学生在科学笔记本上写下他们初步的想法。

探究
• 描述让学生体验该现象的动手活动。 • 列出与"大概念"相关的概念性问题，用这些问题来激发、聚焦学生的探究，并让学生验证其想法。

把一根粗橡皮筋剪断，两端分别绕在两支铅笔上，并用胶带固定住。确保橡皮筋可以拉伸到约 30 厘米长。在接近橡皮筋一端的地方，将橡皮筋绕到第三支铅笔上，但不要用胶带固定。一名学生抓住橡皮筋被固定的两端，将橡皮筋适度

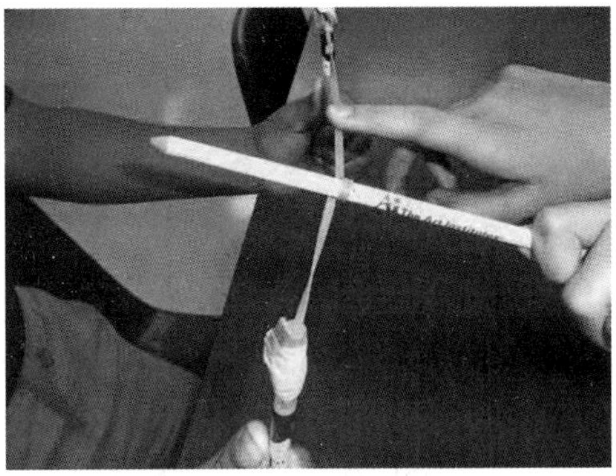
图 9.2　探究活动

拉伸到约 30 厘米长。另一名学生握住未固定的铅笔，同时拨动橡皮筋（图 9.2）。

当拉伸橡皮筋，铅笔靠近一端时，拨动靠近另一端的较长的橡皮筋会发生什么现象？发出的音调是高还是低？

注意，橡皮筋必须始终保持相同的张力，即拉伸到相同的长度。

学生以相同的张力握住固定橡皮筋两端的铅笔，并移动未固定的铅笔，进而完成表 9.5。

表 9.5　PS4.A 课程探究环节数据收集表

可移动铅笔与橡皮筋一端的距离	声音的音调
25 厘米	
20 厘米	
15 厘米	
20 厘米	
25 厘米	

学生完成表格，然后总结出一般的规律，来描述他们观察到的橡皮筋拉伸长度和音调间的关系。

解释

- 在你介绍、解释术语之前，应先让学生给出他们的解释。你会用什么问题或方法来帮助学生将他们的探究过程与所考查的概念联系起来呢？
- 列出高阶思维问题，用这些问题来引发学生的解释，帮助他们构建、论证其解释。

向学生提出以下问题：

- 发出高音和低音时铅笔所处的位置有什么不同？

- 哪一种情况下发出的音调最高：15 厘米，20 厘米，还是 25 厘米？
- 哪一种情况下发出的音调最低：15 厘米，20 厘米，还是 25 厘米？你是怎么知道的？

与学生一起回顾以下问题：

- 声音是怎么产生的？（答案：振动 / 声波）
- 是什么在振动？（答案：橡皮筋、空气粒子和耳朵的一部分）
- 当改变铅笔在橡皮筋上所处的位置时，发出的声音相同吗？（答案：不同）这些声音有什么不同之处？（答案：音调）
- 导致音调有所不同的原因是什么？（答案：从可移动铅笔到固定的一端的距离越短，振动就越快，发出的音调就越高；振动部分的长度越长，上下振动也就越慢，发出的音调就越低）

让学生回答科学笔记本中的关键问题：物体的运动（振动）是如何影响声音（音调）的？

精致

- 如何让学生对概念有更深入的理解？
- 将介绍哪些词汇？这些词汇如何与学生观察到的现象联系起来？
- 如何将这些知识应用于我们的日常生活？

向学生演示在演奏各种乐器（木琴、吉他、竖笛、钢琴等）时是如何产生和控制声音的，让学生找出乐器演奏时振动的来源。

提出以下问题：是什么导致了乐器音调的变化？听一段音调变化的音乐。用“拇指朝上”表示音调上升，用“拇指朝下”表示音调下降。

提出以下问题：为什么一首歌中的音调要发生变化？（答案因人而异：增添美感、愉悦感、动感、多样性等）

回顾引入环节。判断哪些声音是高音，哪些是低音。让学生解释他们是如何识别高音和低音的。

StEMT 化

科学：在声能领域存在哪些现实问题与困难？

工程：该 STEM 课程是由工程设计过程引导的吗？

- 学生应当全身心投入到动手探究和开放式探究中。
- 学生应当参与到富有成效的团队合作中。

数学：该 STEM 课程是否严格应用了学生所学的数学和科学知识？

技术：该 STEM 课程是否允许通过原型构建、测试和设计改进得到多个正确答案？鼓励学生监控自己的学习情况并评价其进步，必要时教师可以调整课程，并思考："这样做有意义吗？"

StEMT 化问题： 如何利用波长和音调的知识来设计能够发出特定音调的乐器？

步骤 1：提问——提出（科学）问题并明确（工程）难题的实践

要解决的难题是什么？需要设计什么？是为谁设计的？项目的要求是什么？有哪些限制条件？目标是什么？

步骤 2：研究与设计——设计并实施探究的实践

学生通过合作的方式集思广益，提出尽可能多的解决方案。

步骤 3：计划——构建解释并设计解决方案的实践

学生比较各种好的想法，选择一个解决方案，并制订计划实施这一解决方案。

给学生指定一个音调，他们必须利用提供的材料制作一个乐器来匹配这个音调。最初的音调可以由电脑生成，也可以由键盘或音叉产生。

步骤 4：创建——构建并使用模型的实践

学生将构建一个乐器原型。

步骤 5：测试与改进——获取、评价并交流信息的实践

原型是否有效？是否满足了需求？学生交流结果并获得反馈，然后分析并讨论哪里有效、哪里无效，以及哪里尚待改进。

学生应参与下列实践：

• 设计并实施探究的实践。学生将积极参与，并以小组合作的方式完成探究，测试问题的解决方案，并得出结论。运用理性和逻辑思维过程，使用有效的沟通技巧（听、说、写；SEP7，SEP8；MP3）。

• 构建并使用模型的实践。学生将通过构建解释、设计解决方案来获取、评价并交流信息（SEP8；MP3）。学生将构建和使用模型（SEP2；MP4）。学生制作的模型见图 9.3。

图 9.3　学生制作的模型

• 获取、评价并交流信息的实践。学生将分析并解释数据，得出结论，并将结论应用于新的情境中（SEP4；MP5）。在探究科学概念后掌握并应用科学词汇（SEP6；MP7）。

> **评价**
>
> • 如何证明学生已经达到课程目标的要求？
>
> • 评价应贯穿整个课程，包括课程结束时。

终结性评价：请写下来!

学生对他们的乐器进行介绍，并描述为什么这个乐器能产生与波长相关的音调。学生需建立一个模型来证明音调是声波波长导致的。学生将使用专业的词汇以及图形、表格和设计原型等工具，来识别音调和声波之间的关系。学生思考这个结果是否有意义，如果模型没有达到目的（获得目标音调），则可能需要加以改进。

镜子镜子墙上挂

物质科学　波及其在信息传输技术中的应用——电磁辐射（PS4.B）

教学概要：

本课程设计基于学生对镜面反射距离的经典错误概念。我们用本课程作为对新教师的 STEM 展示课，因为课程本身很有趣，而且非常有效地展示了那些学生难以转变的错误概念，并说明可以很容易地将工程设计挑战融入课程之中。在第一节课结束后，“要设计一面至少多长的镜子才能看到自己的全身？”就自然而然地成为下一个问题。

本书介绍的课例是一个非常简单的版本，根据学生年级的不同，还可以有很多变化和丰富的空间。也可以有其他思路，例如可以让学生面朝墙壁排成一排，让每个学生把手中的球滚向地板上的某个标记，并预测球将停在哪里。学生可以在科学笔记本上记录球的作用与反作用。我们经常使用这种方法，尤其是在低年级，用来演示光（用网球来代表）是沿直线传播的，直到遇到障碍物。对于更高年级的学生，这个概念可以很容易地转化为反射定律。

工程设计挑战使用的问题是“要设计一面至少多长的镜子才能看到自己的全身？”学生用一根长绳标记一束光的路径。虽然各小组通常可以通过不断调整两面镜子的距离来回答这个问题，但是如果不借助绳子或纱线，学生往往会对光是如何传播的产生误解。确保学生理解光源和传播方向。

五年级结束时，学生应该知道：

当物体表面反射的光线进入眼睛时，人就能看见物体；人们看到的颜色取决于光源的颜色以及物体表面的性质。课程重点在于理解从物体传播到眼睛的光决定了眼睛可以看到的东西。由于透镜会使光束弯曲，因此它们可以单独使用，也可以组合使用，从而使人们看到肉眼无法看到的极小或极远处物体的放大图像（NRC 2012，p. 135）。

框架问题： 光是什么？如何解释与光有关的多个效应？还有其他形式的电磁辐射吗？

StEMT 化问题： 要设计一面至少多长的镜子才能看到自己的全身？

维度 1： 实践（学生应该做什么？）

- 构建并使用模型
- 构建解释并设计解决方案
- 参与基于证据的论证
- 获取、评价并交流信息

维度 2： 跨学科概念

- 模式

观察到的形式和事件的模式可以指导组织和分类，并促使提出关于事物间关系及其影响因素的问题。

- 因果关系：机制和解释

凡事皆有原因——有时简单，有时复杂。科学研究的一项主要工作就是研究和解释因果关系及其作用机制。因果关系可以在给定的情境中进行检测，还可以在新的情境中用于预测和解释事件。

维度 3： 学科核心概念

电磁辐射（例如无线电、微波、光）可以通过变化电场和磁场的波动模式来建模，而另一种建模思路则是将其视为粒子。电磁波可以在很宽的频率范围内被探测到，而人眼能感知到的可见光谱只是其中很小的一部分。许多现代技术都是建立在对电磁波进行操作的基础上的（NRC 2012，pp. 133-134）。

教学时长： 4—5 课时（45 分钟 / 课时）

材料：

两个平面镜、一把勺子、一个凸面镜、一个凹面镜、纱线（约 20 米）、简单的计算器、护目镜

安全须知：

1. 在组装、操作和拆卸环节，应佩戴个人防护装备（护目镜）。
2. 使用尖锐物品（平面镜、透镜）时请小心，避免刺破或割伤皮肤。
3. 活动完成后要用肥皂和水洗手。

引导问题： 什么样的观察能帮助我们了解光是如何传播的？

错误概念：

- 物体是光源。（正确理解：是物体反射的光使我们看到了物体。）
- 人们能够在完全没有光的情况下看到东西。（正确理解：即使是黑暗的房间里也有一些来自外部的环境光，比如来自汽车、路灯等的光。如果完全没有光，就什么都看不见了。）
- 反射和折射是一样的。（正确理解：反射是光在物体表面反弹，折射是光在两种介质——如空气和水——的交界面发生弯曲。）
- 折射会在介质中持续发生。（正确理解：光只在两种介质的交界面上改变传播方向。）

引入

- 你会如何吸引学生的兴趣并揭示其错误概念？
- 在引入环节后，学生应该问自己什么样的问题？

向学生提出以下问题：当面向一面平面镜倒退时，可以看到自己身体的比例会变得更大、更小，还是不变？给学生 10 秒钟的思考时间，让他们根据经验给出自己的选择。

在房间三个不同角落放置以下标志：更大、更小、不变。让学生站到他们所选答案的角落，然后在角落里选择一个搭档。搭档之间讨论他们的选择以及他们这样选择的原因。教师在教室里四处走动，了解学生的错误概念和先验知识，注意不要纠正错误概念。

探究

- 描述让学生体验该现象的动手活动。
- 列出与“大概念”相关的概念性问题，用这些问题来激发、聚焦学生的探究，并让学生验证其想法。

学生回到他们原来的小组。教师给每个小组发一面镜子。学生利用镜子回答引导问题。让学生把观察结果写在科学笔记本上。教师提出探究问题，推进学生讨论。

一名学生把一面小平面镜靠在墙上，使另一名学生的脸正对着镜子。面对镜子的学生应该站在镜子前大约一米的地方，然后这名学生慢慢地向后移动，同时注意观察镜中的自己。后退 10 到 15 步后，学生回答以下问题：1）随着逐渐远离镜子，是否可以看到自己的胸部、腰部、膝盖或鞋子？ 2）随着逐渐远离镜子，是否只能看到自己的眼睛或鼻子？如果这两个问题的答案都是否定的，那是不是无论距离镜子多远，看到自己身体的部分总是同样多？

解释

- 在你介绍、解释术语之前，应先让学生给出他们的解释。你会用什么问题或方法来帮助学生将他们的探究过程与所考查的概念联系起来呢？
- 列出高阶思维问题，用这些问题来引发学生的解释，帮助他们构建、论证其解释。

从每组中随机抽取一名学生，提问引入环节的问题。教师在教室里走动，让多个学生分享自己的答案，教师检查他们是否理解，可以提出用于澄清学生想法的问题。

精致

- 如何让学生对概念有更深入的理解？
- 将介绍哪些词汇？这些词汇如何与学生观察到的现象联系起来？
- 如何将这些知识应用于我们的日常生活？

向学生提出以下问题：如何在曲面镜中看到自己？

给每个学生发一把勺子。让学生将勺子用作镜子，重复探究环节的活动并对用作镜子的勺子的两面的效果进行对比。给每组学生发一个凹面镜和一个凸面镜，保证他们都能正确地使用。让学生使用表 9.6 记录他们的发现（包括镜子成像的大小和方向）。教师提醒学生把勺子放在离眼睛很近的地方，这样他们才能看到头朝上的自己。这个时候就可以发放备选的凸面镜和凹面镜了。

表 9.6　PS4.B 课程数据收集表

距离	凹面镜	凸面镜
远	颠倒的 / 更小的	正立的 / 更大的
近	正立的 / 更小的	正立的 / 甚至更大的

向学生提出以下问题：

- 以前在哪里见过这种镜子？
- 为什么要在靠近拐角的走廊上使用凸面镜？（答案：它让观察者有一个广阔的视野，从而看到从拐角另一侧走廊走过来的人。）
- 凹面镜能在何处发挥作用？（答案：凹面镜会将靠近它的物体放大，化妆镜就是凸面镜。）
- 汽车右侧的曲面镜是什么类型的镜子？（答案：凸面镜。凸面镜里的像总是正立的，虽然像比实物小，但凹面镜的优势在于可以增大视野从而消除盲点。）

StEMT 化

科学：在光学领域存在哪些现实问题与困难？

工程：该 STEM 课程是由工程设计过程引导的吗？

- 学生应当全身心投入到动手探究和开放式探究中。
- 学生应当参与到富有成效的团队合作中。

数学：该 STEM 课程是否严格应用了学生所学的数学和科学知识？

技术：该 STEM 课程是否允许通过原型构建、测试和设计改进得到多个正确答案？鼓励学生监控自己的学习情况并评价其进步，必要时教师可以调整课程，并思考："这样做有意义吗？"

StEMT 化问题：要设计一面至少多长的镜子才能看到自己的全身？

步骤 1：提问——提出（科学）问题并明确（工程）难题的实践

要解决的难题是什么？需要设计什么？是为谁设计的？项目的要求是什么？有哪些限制条件？目标是什么？

学生将用两面小镜子构建一面大镜子，镜子垂直长度要尽可能短，同时可以让一个人看到自己的整个身体。假设镜子有 30 厘米宽。如果镜子的玻璃成本是每平方厘米五分钱，那么镜子的成本是多少？

- 为每组学生提供两个平面镜（镜子 1 和镜子 2）以及约 10 米长的纱线。
- 学生将用纱线来演示光线从镜子呈现的物体传播到眼睛的过程。

步骤 2：研究与设计——设计并实施探究的实践

学生通过合作的方式集思广益，提出尽可能多的解决方案。

步骤 3：计划——构建解释并设计解决方案的实践

学生比较各种好的想法，选择一个解决方案，并制订计划实施这一解决方案。

学生把镜子靠在墙上，一个放在另一个上方。他们会在眼睛、镜子 1 和他们看到的物体之间拉上纱线。对于放在镜子 1 下面的镜子 2，学生将重复这个过程。

随着时间推移，学生将找出一个过程，该过程能让学生找到镜子的最小尺寸，并确定镜子在墙上的位置，以便能够看到自己整个身体。

步骤 4：创建——构建并使用模型的实践

学生将构建一个原型。

对于相同尺寸的镜子，各小组测得的距离是否相同？为什么？

你注意到镜子的推荐长度是多少？为什么不需要镜子一直延伸到地面？这如何帮助我们解释所看到的现象？

镜子的最短长度应是学生身高的一半。各组设计的镜子会因为参与对象身高的不同而有所不同。需要强调的是，教师必须保证用于测量高度的变量不变（即“变量”应该是同一个学生）。

步骤 5：测试与改进——获取、评价并交流信息的实践

原型是否有效？是否满足了需求？学生交流结果并获得反馈，然后分析并讨论哪里有效、哪里无效，以及哪里尚待改进。

学生应参与下列实践：

- 设计并实施探究的实践。学生将积极参与，并以小组合作的方式完成探究，测试问题的解决方案，并得出结论。运用理性和逻辑思维过程，使用有效的沟通技巧（听、说、写；SEP7，SEP8；MP3）。
- 获取、评价并交流信息的实践。学生将分析并解释数据，得出结论，并将结论应用于新的情境中（SEP4；MP5）。在探究科学概念后掌握并应用科学词汇（SEP6；MP7）。

评价

- 如何证明学生已经达到课程目标的要求？
- 评价应贯穿整个课程，包括课程结束时。

终结性评价：请写下来！

在终结性评价中，学生将完成 RAFT（角色、受众、格式、任务）模式的写作练习，在练习中他们将扮演尼莫（《海底总动员》里的主角小丑鱼）。尼莫发现从一艘经过的游轮上漂下来一些厨房用具，其中铲子（平面镜）和勺子非常有趣，它花了好长时间来研究自己在每一件厨具上映出的样子。有了这些新发现之后，它迫不及待地要告诉朋友。尼莫给乌龟朋友们写了一封信来解释上述现象。学生应当使用他们在探究中获得的具体的例子或证据。

评分标准：在有镜子的情境中，对光是如何传播的概念性理解。

2 分：学生清晰地解释了在有镜子的情境中，光是如何传播的。

1 分：学生对光如何传播的解释没有与镜子的情境关联起来。

0 分：没有理解光是如何传播的以及光和镜子之间的关系。

参考文献

National Research Council (NRC). 2012. *A framework for K–12 science education: Practices, crosscutting concepts, and core ideas*. Washington, DC: National Academies Press.

结语

将 STEM 项目纳入其课程体系的学校必须时刻以就业和高等教育的需求为导向，关注知识的应用和高阶思维能力的发展。学生学习工程设计过程，能够帮助他们打破核心学科之间的界限，进行科学和数学知识的迁移和学术技能的应用。

STEM 不仅仅是技术的整合。我们认为，科学与其应用之间的差异正是 STEM 的关键。为了 STEM 教育的发展与繁荣，仅仅进行整合是不够的。我们要确保融入有关儿童如何学习的知识。如果有必要进行 STEM 教学（工程作为其中具有更典型意义的部分），那么为了支持课堂中科学概念的学习，工程应该置于课程的什么环节呢？在我们看来，通常工程设计挑战适合放在 5E 教学模式中的“精致”环节。这个环节中也可以设置其他的拓展活动，比如阅读复杂的文本和写作。这个环节还可以设置情境化的科学活动，比如社会性科学议题，从而使课堂与学生更加贴近。我们认为并不是每一节课都必须包括工程内容，但我们想要强调这一部分内容在加深学生概念理解方面的重要性。

许多公共领域中的 STEM 课程，并不具备能够确保学生参与度和促进概念学习的主要特征，包括使用真实世界的问题或难题，倡导探究，设计严谨的内容，以及提出开放式的问题，从而为学生提供机会使其在工程设计的过程中将失败视为学习的必经之路。公共领域中大多数 STEM 课程都没有体现出探究和概念学习的特点的原因在于，它们没有将如何探究、为何探究自然现象的一系列驱动问题包含到课程中来。

在使用 StEMT 过程进行课程设计时，最重要的是认识到，技术不仅指在课程中所使用的技术，更指要产生关于问题的解决方案，这也是它位于缩略词 StEMT 末尾的原因。但这并不意味着技术不需要嵌入 STEM 课程的各个方面。使用 StEMT 过程构建的 STEM 课程并不只是将四个学科整合起来，而是应用历经几十年研究而产生的建构主义学习工具，支持 STEM 学习和 STEM 教学。STEM 教学的核心不是工程而是问题的解决。

对教师来说，开展 STEM 教学并不应该太难。通过帮助教师理解将现有课程 StEMT 化并转化为 STEM 课程的方法，能够将工程内化为教师帮助学生的另一种有益工具。在整个过程中，我们的目标始终是让那些有能力设计有效且有意义的 STEM 课程的教师更好地理解 STEM 课程，以促进学生科学素养的持续提高，而较高的科学素养也正是我们期望 21 世纪所有人都能具备的。

融入了技术工具的科学、工程、数学和技术（StEMT）是一个过程，而在 5E 课堂中的“精致”环节对课程进行 StEMT 化，使用工程设计和问题解决的方法，以赋予科学概念更丰富的相关意义，也是一个过程。将通过探究来实施科学教学这一思路延伸为在 STEM 项目中使用工程设计挑战，这一做法可以用于应对与科学概念相关的错误概念。使用探究进行科学学习的学生会经历很多与科学家类似的活动和思维过程，而这些过程或实践在《州共同核心标准》和《K—12 科学教育框架》中均有界定。无论是工程、科学还是数学实践，都包括问题解决、推理和使用证据、交流、建模和应用的过程标准。为学生提供亲身实践的机会，并探索这些实践何以成为数学、科学和工程的核心，是 StEMT 过程至关重要的一环。

我们希望这本书能帮助广大理科教师，以提高学生的科学素养为目的，把 STEM 作为一个学习的过程进行推广。

让我们的课程 StEMT 化起来吧！

附录

附录 A

主张、证据、推理（CER）量表

要素	水平		
	0	1	2
主张 回答原始问题或难题的陈述或结论。	没有提出主张或主张不准确。	提出了准确但不完整的主张。	提出了准确且完整的主张。
证据 支持主张的科学数据。数据是对自然界的观察和测量，需要能够恰当、充分地支持主张。	没有提供证据或只提供了不恰当的证据（不支持该主张的证据）。	提供了恰当但不足以支持该主张的证据，可能包括一些不恰当的证据。	提供了能够恰当且充分地支持该主张的证据。
推理 连接主张与证据的证明过程。通过使用恰当且充分的科学原理（核心概念）来说明为什么数据可以作为证据。	没有提供推理或只提供了无法连接证据与主张的推理。	提供了连接主张与证据的推理，但重复叙述证据或只包括了一部分但不充分的科学原理。	提供了连接主张与证据的推理，而且使用了恰当且充分的科学原理。
反例 非主流的解释和反面证据，以及对为什么这种解释不是该问题或难题的恰当解释的推理过程。			

来源：K. Mc Neill and Krajcik，J. (2012). *Supporting Grade 5-8 Students in Constructing Explanations in Science*. New York: Pearson.

附录 B

月相模板

姓名：________　　　　　　日期：________　　　　　　课时：________

说明：首先，将乒乓球视作地球并置于图的中心。打开手电筒来代表太阳光。注意观察地球的哪一侧被照亮，并在月相模板上给未被照亮的部分涂上阴影。接下来，将球放在其他空白圆圈上。再把手电筒照在球上并观察哪一侧是被照亮的，哪一侧是未被照亮的。在模板上给未被照亮的一侧涂上阴影。重复上述过程直到所有的空白圆圈都放置过乒乓球。

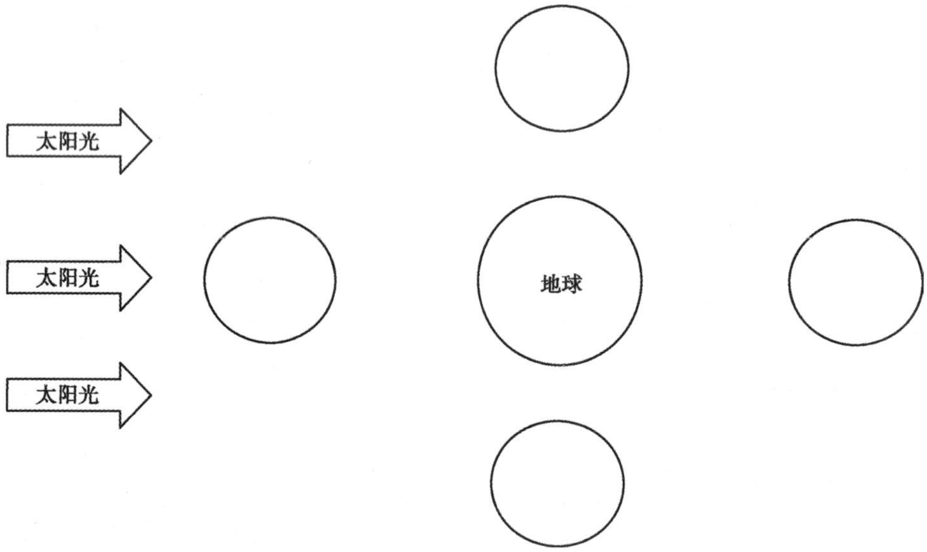